山东人文沃土优势

本书编写组 编著

- 山东省社会科学规划研究重大委托项目
- "山东人文沃土可以深度耕作研究——文化「两创」的比较优势研究"（23AWTJ05）结项成果
- 教育部人文社会科学重点研究基地山东师范大学齐鲁文化研究院重点项目
- 齐鲁文化与中华文明研究中心重点项目

山东人民出版社·济南

国家一级出版社 全国百佳图书出版单位

图书在版编目（CIP）数据

山东人文沃土优势 / 本书编写组编著 . --济南：
山东人民出版社，2024.8
ISBN 978-7-209-14896-2

Ⅰ. ①山… Ⅱ. ①本… Ⅲ. ①地方文化—文化事业—
建设—山东 Ⅳ. ①G127.52

中国国家版本馆CIP数据核字（2023）第220301号

山东人文沃土优势

SHANDONG RENWEN WOTU YOUSHI

本书编写组　编著

主管单位　山东出版传媒股份有限公司
出版发行　山东人民出版社
出 版 人　胡长青
社　　址　济南市市中区舜耕路517号
邮　　编　250003
电　　话　总编室（0531）82098914
　　　　　市场部（0531）82098027
网　　址　http://www.sd-book.com.cn
印　　装　山东新华印务有限公司
经　　销　新华书店

规　　格　16开（170mm×240mm）
印　　张　17.5
字　　数　236千字
版　　次　2024年8月第1版
印　　次　2024年8月第1次
ISBN 978-7-209-14896-2
定　　价　68.00元
　　　　　如有印装质量问题，请与出版社总编室联系调换。

《山东人文沃土优势》编委会

主　任　白玉刚

副主任　袭艳春　魏长民

委　员　（按姓氏笔画排序）

王小蕾　王超业　吕文明

闫　军　许明波　冷兴邦

张　磊　张同海　张汝金

主　编　魏长民

副主编　吕文明　冷兴邦

统　筹　张汝金　彭耀光

撰　文　李秀亮　刘晓萱　刁春辉　潘　磊

宋　宁　李　莉　任鹏程　田成浩

史衍朋　李文昌　张　恒　李金蔓

党的十八大以来，习近平总书记站在党和国家事业发展全局战略高度，对新时代文化建设方面的一系列重大理论和现实问题作了全面系统深入阐述，提出一系列新思想、新观点、新论断，形成习近平文化思想，为深入推进中华优秀传统文化创造性转化和创新性发展，提供了强大思想武器和科学行动指南。

如何传承发展中华优秀传统文化，使之成为新时代文化建设的源头活水，是习近平文化思想的重要内容。2013年11月，习近平总书记视察山东曲阜，发出"大力弘扬中华优秀传统文化"的号召，开启了新时代文化建设的序幕。关于如何传承发展中华优秀传统文化，总书记强调，"要处理好继承和创造性发展的关系，重点做好创造性转化和创新性发展"。"两创"指示深刻揭示了文化发展的客观规律，表现出强烈的文化自信，成为新时代传承发展中华优秀传统文化的基本方针。党的十八大以来，习近平总书记在多个场合提到文化自信，传递出新时代文化理念和文化观。他在庆祝中国共产党成立95周年大会的讲话中，对文化自信加以特别阐释，指出"文化自信，是更基础、更广泛、更深厚的自信"。在大力倡导文化"两创"和强调文化自信的基础上，习近平总书记在庆祝中国共产党成立100周年的讲话中创造性地提出"两个结合",即把马克思主义基本原理同中国具体实际相结合、同中华优秀传统文化相结合。特别是"第二个结合"的提出,具有深刻的理论原创性,是又一次思想解放,表明中国共产党的历史自信、文化自信达到了新高度,表明中国共产党在传承中华优秀传统文化中推进文化创新的自觉性达到了新高度。2023年6月,在文化传承发展座谈会上,习近平总书记深刻阐释了中华文明的五大突出特性和"第二个结合"的重要意义,强调要担负起新的文化使命,为新时代文化发展指明了方向、提供了根本遵循。从文化"两创"、文化自信到"第二个结合",习近平总书记对中华优秀传统文化的阐释经历了一个不断深化的过程,习近平文化思想的内涵也得以不断丰富和发展,为我们正确对待中华优秀传统文化提供了规律性认识。

齐鲁文化是中华优秀传统文化的重要组成部分,在中华文明形成和发展的过程中具有特殊的历史地位。山东历史积淀深厚,具有得天独厚的文化资源优势,是闻名全国的文化大省。作为中华文明的重要发祥地之一,齐鲁文脉的赓续与中华文脉的形成发展始终紧密相连。山东史前考古文化极具代表性,从后李到北辛、大汶口、龙山、岳石文化遗址,文化序列非常清晰、连贯,从中可以清楚地看到山东古代文化的发展脉络以及对于中华文明发展的重要贡献。从"轴心时代"文明发展的历史来看,齐鲁地区曾对推动中华早期文明发展发挥了重要作用。齐鲁大地诞生了中国古代最伟大的思想家孔子,创设了世界文化史上蔚为奇观的稷下学宫,诸子百家,半出齐鲁,他们的思想深刻影响了此后两千多年中国文化的发展进程。秦汉时期,齐鲁的思想文化通过碰撞、交流、融合等方式，逐渐实现了对秦汉国家意志的影响，特别是两汉时期，因为儒家思想影响力的提升，齐鲁文化从区域辐射全国，以海纳百川的恢弘气度，兼收并蓄，逐步占据主流，俨然成为中华文明的"重心"。齐鲁大地上优秀的思想家、文学家、史学家、艺术家代不乏人，创作出气势恢弘而又风格多样的华彩篇章；丰富多彩的文物遗存、遍布各地的文化遗址和独具特色的古代建筑，承载着中华民族深厚的历史文化底蕴；风格迥异的传统戏曲曲艺、独具风韵的传统体育舞蹈和精湛纯熟的传统工艺美术，无不展示着齐鲁先民的非凡智慧和创造精神。在革命、建设、改革开放和新时代等不同时期，山东各行各业都涌现出一大批先进典型，成为传承中华传统美德、引领文明风尚的示范力量。在党的精神谱系中，沂蒙精神、王杰精神、焦裕禄精神、孔繁森精神都植根齐鲁沃土，成为鲜明的精神标识。因此，学习贯彻习近平文化思想，推进社会主义文化强国建设，山东具有明显的"人文沃土可以深度耕作"的优势。

2014年，习近平总书记在对山东工作的批示中强调指出："用好齐鲁文化资源丰富的优势，加强对中华优秀传统文化的挖掘和阐发。"2024年5月，习近平总书记在山东视察时指出，山东要担负起新时代的文化使命，在推动文化繁荣、建设文化强国上积极作为。深耕齐鲁人文沃土，聚力守正创新，全面推进文化传承发展，推动中华优秀传统文化焕发时代光彩，是山东作为文化大省的历史使命和责任担当。近年来，山东各界始终牢记习近平总书记殷殷嘱托，坚持把马克思主义基本原理同中华优秀传统文化相结合，将中华优秀传统文化创造性转化和创新性发展摆在重要位置，奋力书写新时代文化传承发展齐鲁篇章。实施"山东文脉"工程，通过编纂出版《儒典》《齐鲁文库》，集中展示齐鲁文化的资源和文化价值的优势；推进山东"手造"工程，推动文旅融合高质量发展，持续释放文化产业发展的澎湃动能；启动文化体验廊道建设，以独特视角奏响优秀传统文化的时代旋律；持续举办尼山世界文明论坛，以更加自信的姿态，面向世界讲好中国故事山东新篇章。这些成就表明，深耕齐鲁人文沃土，推动文化"两创"焕发新生机，铸就新的文化辉煌，山东有基础、有优势、有条件。

作为新时代的文化研究者，我们要以习近平文化思想为指导，认真贯彻落实习近平总书记关于弘扬和传承中华优秀传统文化的系列重要讲话精神，勇担新时代文化使命，坚定文化自信，坚持守正创新，深入挖掘齐鲁文化丰富的精神内涵和时代价值，扎实推进中华优秀传统文化的创造性转化和创新性发展，努力为新时代社会主义现代化强省建设做出新的贡献，为建设社会主义文化强国贡献山东力量。

编　者

2024年7月

目 录

前　言 / 1

第一章　历史文脉源远流长 / 1

第一节　文明初兴、源远流长的史前文化 / 3

（一）黄河中下游最早的古人类：沂源猿人 / 3

（二）山东最早的"现代人"：新泰智人 / 4

（三）山东细石器文化的典型代表：临沂凤凰岭遗址 / 5

（四）中国万年文化史的重要实证：赵家徐姚遗址 / 6

第二节　序列完整、光辉灿烂的东夷文化 / 7

（一）曙光初现的后李文化 / 8

（二）方兴未艾的北辛文化 / 9

（三）繁荣发展的大汶口文化 / 10

（四）全面鼎盛的龙山文化 / 12

（五）持续发展的岳石文化 / 13

第三节　特征鲜明、内涵丰富的齐鲁文化 / 15

（一）商人经略东土与夷商文化融合 / 15

（二）西周封邦建国与齐、鲁文化形成 / 17

（三）东周时期齐鲁礼乐文明的发展 / 19

结语　为山东文化"两创"提供深厚历史依据 / 21

第二章　圣贤名哲人才辈出 / 23

第一节　上古圣王与名臣贤相 / 25

（一）上古圣王，德泽于民 / 25

（二）名臣良将，功业烂然 / 28

第二节　先秦诸子与经学大师 / 33

（一）诸子百家，半出齐鲁 / 34

（二）齐鲁传经，蔚为大观 / 37

第三节　文学巨匠与艺术名家 / 39

（一）文学巨匠，彬彬盛矣 / 39

（二）艺苑菁英，灿若星河 / 42

结语　山东圣贤名哲的精神内涵及其当代价值 / 46

（一）器以载道，日新其德 / 46

（二）文以化人，润物无声 / 47

第三章　学术思想根深叶茂 / 49

第一节　儒家思想的形成与发展 / 51

（一）周礼尽在鲁矣 / 51

（二）天不生仲尼，万古如长夜 / 53

（三）孟子和荀子对儒学的发展 / 55

（四）汉代齐鲁经师对儒学的传承 / 59

第二节　稷下学宫与百家争鸣 / 61

（一）战国时期的文化圣地：稷下学宫 / 61

（二）思想的碰撞与交融：百家争鸣在稷下 / 63

第三节　山东古代先进的科学技术 / 65

（一）中国古代科学的重要里程碑：《墨经》/ 65

（二）古医圣手：扁鹊、仓公与王叔和 / 66

（三）中国古代农业百科全书：《齐民要术》/ 67

（四）天文学与数学的"启明星"：《甘石星经》与《九章
算术注》/ 68

（五）最早的手工艺专著：《考工记》/ 68

结语　山东学术思想的独特优势与当代价值 / 69

第四章　古籍典藏丰富厚重 / 73

第一节　光辉璀璨的齐鲁典籍 / 75

（一）圣贤著述以明道：不朽的儒家经典 / 75

（二）齐国兵学甲天下：影响世界的齐鲁兵家文献 / 78

（三）艺苑琳琅韵味长：多彩的文史艺术经典 / 81

第二节　历代接续的山东古籍保护 / 85

（一）万卷藏书宜子弟：海源阁、归朴堂等藏书楼 / 85

（二）清代辑佚第一家：马国翰与《玉函山房辑佚书》/ 87

第三节　齐鲁文献代代传：新时期的古籍整理与保护 / 88

（一）《儒典》与《齐鲁文库》的编纂 / 89

（二）《山东文献集成》与《孟子文献集成》的编纂 / 91

（三）"子海"与"全球汉籍合璧工程"的编纂 / 93

结语　让齐鲁优秀典籍"活"起来 / 94

第五章　文化遗存广泛众多 / 97

第一节　异彩纷呈的文化遗物 / 99

（一）大汶口文化的代表：大口陶尊 / 99

（二）龙山文化瑰宝：蛋壳黑陶 / 101

（三）威严赫赫的商代礼器：亚丑钺 / 102

（四）天下第一名刻：秦泰山刻石 / 103

（五）西汉"百戏"代表：乐舞杂技彩绘陶俑 / 104

（六）"第一甲第一名"：明状元赵秉忠殿试卷 / 105

第二节　古老而多样的文化遗址 / 106

（一）大汶口遗址 / 107

（二）城子崖遗址 / 107

（三）鲁国故城 / 108

（四）齐国故城 / 109

（五）齐长城遗址 / 110

（六）银雀山汉墓 / 111

（七）龙兴寺遗址 / 112

第三节　设计精致的古建筑 / 113

（一）文化圣地：三孔 / 113

（二）华夏名山第一庙：岱庙 / 115

（三）"海内四大名刹"之首：灵岩寺 / 116

（四）"中国古代四大名楼"之一：蓬莱阁 / 117

（五）江北第一名楼：光岳楼 / 118

（六）北方庄园建筑的代表：牟氏庄园 / 120

结语　历史文化遗存遗址里的文化自信 / 121

（一）见证悠久历史，传承文明基因 / 121

（二）构建文明序列，增强文化认同 / 122

（三）用"活"文化遗存，坚定文化自信 / 122

第六章　红色文化资源富集 / 125

第一节　四大红色文化片区 / 127

（一）军民同心 亲情沂蒙 / 127

（二）红色热土 铁血胶东 / 128

（三）战略后方 丹心渤海 / 129

（四）星火再燃 峥嵘鲁西 / 131

第二节 革命文物与革命遗址 / 133

（一）唯一保存在农村党支部的《共产党宣言》

中文首译本 / 133

（二）"胶东抗日第一枪"——天福山起义遗址 / 135

（三）山东省内发现的最早党旗 / 136

（四）"派兵去山东"——八路军第115师司令部旧址 / 138

（五）"北有平型关，南有大青山"——大青山战斗遗址 / 139

第三节 红色精神熠熠生辉 / 141

（一）王尽美、邓恩铭诠释伟大建党精神 / 141

（二）党政军民共同铸就沂蒙精神 / 142

（三）红色精神薪火相传 / 144

结语 赓续红色血脉 传承红色基因 / 147

（一）保护性开发建设红色文化片区 / 147

（二）加大革命文物与革命遗址保护力度 / 147

（三）传承红色精神 / 148

第七章 民俗文化丰富多彩 / 151

第一节 风格迥异的传统戏曲曲艺 / 153

（一）吕剧：山东最具代表性的剧种 / 153

（二）聊斋俚曲：明清俗曲的"活化石" / 154

（三）柳琴戏："拉人魂魄"的艺术 / 155

（四）山东快书：一人一板一出戏 / 156

（五）山东大鼓：北方大鼓之鼻祖 / 157

第二节　厚重多彩的传统礼俗 / 158

（一）祭孔大典：在古代被称为"国之大典" / 158

（二）泰山石敢当习俗：民间镇物的山神信仰遗存 / 160

（三）莱芜中元节习俗：传承百年的孝道文化 / 161

（四）东镇沂山祭仪：历代帝王的"望秩之礼" / 161

（五）渔民开洋、谢洋节：一份来自大海的庇佑 / 162

第三节　独具风韵的传统体育舞蹈 / 164

（一）蹴鞠：现代足球的起源 / 164

（二）秧歌：齐鲁大地歌舞艺术的瑰宝 / 165

（三）螳螂拳：享誉四海的武林流派 / 166

（四）鼓舞：从街头走向舞台的艺术 / 167

（五）杂技：开展人民外交的先行官 / 168

第四节　精湛纯熟的传统工艺美术 / 169

（一）风筝：献给天空的艺术 / 169

（二）年画：最有年味的春节符号 / 170

（三）剪纸：指尖流淌的艺术 / 171

（四）陶瓷：艺术的结晶 / 172

（五）贡砖：撑起一座皇城 / 172

第五节　脍炙人口的民间传说 / 173

（一）八仙传说：蓬莱阁上的神话奇谈 / 173

（二）孟姜女传说：感天动地的传奇故事 / 175

（三）董永传说：孝行感天的传世佳话 / 176

（四）梁祝传说：流传千年的爱情绝唱 / 177

（五）牛郎织女传说：鹊桥之上的永恒约定 / 178

结语　在守正创新中弘扬民俗文化的当代价值 / 180

（一）承载历史记忆，凝聚价值认同 / 180

（二）延续文化传统，提升文化自信 / 181

（三）创新表达方式，化为"百姓日用之学" / 182

第八章　文化标识鲜明突出 / 185

第一节　丰富而独特的文化标识 / 187

（一）名垂百代的齐鲁圣贤 / 187

（二）光照古今的经典名著 / 189

（三）钟灵毓秀的自然人文景观 / 190

第二节　泰山：五岳独尊与国泰民安 / 193

（一）泰山的自然风光与人文形象 / 193

（二）号称"五岳独尊"的中华圣山 / 194

（三）承载国泰民安的千年梦想 / 196

第三节　黄河：大河入海与文明摇篮 / 197

（一）黄河入海流 / 198

（二）孕育文明的母亲河 / 199

（三）黄河流域生态保护和高质量发展 / 200

第四节　孔子：万世师表与文化象征 / 202

（一）孔子在中华文化史中的地位 / 202

（二）孔子的文化象征意义 / 204

（三）面向世界的孔子 / 204

结语　在文化强省建设中彰显文化标识的独特魅力
　　　与时代价值 / 206

第九章　道德积淀引领新风 / 209

第一节　积淀深厚的山东传统美德资源 / 211

（一）仁、义、礼、智、信的儒家道德资源 / 211

（二）传承千年的齐鲁好家风 / 212

（三）厚道山东人的精神资源 / 214

第二节　敢为人先的山东道德模范 / 215

（一）"中国的保尔·柯察金"朱彦夫 / 216

（二）"百姓书记"王伯祥 / 217

（三）诚信企业家张瑞敏 / 218

（四）"大国工匠"许振超 / 219

（五）乡村振兴"领头雁"王传喜 / 221

第三节　引领风尚的新时代美德健康生活方式 / 222

（一）自律助人的立身之道 / 223

（二）孝老爱亲的齐家之道 / 223

（三）诚信利他的仁爱之道 / 225

（四）节俭绿色的共生之道 / 225

（五）共建共享的敬事之道 / 227

结语　以齐鲁文化"两创"涵养美德新风 / 228

第十章　海外人文覆盖广泛 / 233

第一节　江北最大侨乡 / 235

（一）天南地北山东人 / 235

（二）杰出鲁侨知多少 / 236

（三）心系故土，交流不辍 / 239

第二节　友好城市遍世界 / 242

（一）六百友城的"朋友圈" / 243

（二）十大友城的精致名片 / 244

（三）常来常往，民心相通 / 247

第三节　影响日隆的尼山世界文明论坛 / 249

　　（一）从尼山出发，打开世界的门 / 249

　　（二）尼山世界文明论坛在海外 / 251

　　（三）传播中国，照鉴未来 / 253

结语　用好海外人文资源，讲好新时代山东故事 / 256

　　（一）常来常往，增进情感共鸣　256

　　（二）创新传播，实现话语共通　257

　　（三）凝聚共识，寻求价值共振　258

后　记 / 260

第一章

历史文脉源远流长

　　山东文化历史悠久，博大精深。从距今六十万年前的沂源猿人，到三万年前的新泰智人，再到一万年前的东夷人，古代先民在齐鲁大地上生生不息，繁衍发展，并创造了特色鲜明、内涵丰富的地域文化。在山东历史文化演进过程中，源远流长的史前文化、光辉灿烂的东夷文化和博大精深的齐鲁文化是其三个主要发展阶段。三种文化的接续发展和因革损益，共同构成了山东历史文化发展的主旋律。

第一节　文明初兴、源远流长的史前文化

所谓"史前文化"，一般指国家出现之前的原始文化，包括考古学上的旧石器文化、中（细）石器文化和新石器文化。其时间范围自人类产生之日起，直到距今五千多年前。据中国百年考古资料显示，山东先民在几十万年的漫长历史中，创造了具有强大生命力的史前文化和史前文明，并因此在中华文明发展史上长期居于重要地位。

（一）黄河中下游最早的古人类：沂源猿人

沂源猿人因发现于淄博市沂源县而得名，时间在距今六十四万年左右，是目前所知最早的山东人。

1981年9月18日，文物普查人员在今淄博市沂源县土门镇骑子鞍山的洞穴内，发现了早期猿人的头盖骨化石残片和一些动物骨骼化石。后来又经过多次调查和发掘，共收集到人类头骨1块，眉骨2块，肋骨、肱骨、股骨各1块，牙齿7枚。根据化石颜色和牙齿咬合面纹理推测，它们应该分属于两个成年猿人。其时代与著名的北京猿人相当，在考古学上属于旧石器时代早期。

从地理位置上看，沂源猿人遗址位于沂河流域上游，在周围5平方公里范围内遍布着40多个大小洞穴，是长江以北地区面积最大的喀斯特地貌溶洞群。这里山清水秀，植被良好，气候湿润，水源充足，又密布着大片森林和茂密灌木丛，能够为早期人类的生存繁衍提供良好的地理气候条件。沂源猿人在这里筚路蓝缕，辛勤劳作，用最原始的手段采集食物和狩猎野兽，在维持生计的同时也创造了最初的物质文化。

沂源猿人头盖骨

　　沂源猿人是目前山东境内最早的古人类化石，它的发现填补了我国华北东部地区古人类地理分布的空白，为研究古代地理气候演变和人类进化轨迹提供了弥足珍贵的实物资料。1992年6月12日，沂源猿人遗址被山东省人民政府批准为省级文物保护单位。2006年5月25日，该遗址又被国务院批准为全国重点文物保护单位。

（二）山东最早的"现代人"：新泰智人

　　在距今3万年左右，著名的新泰智人开始出现。新泰智人是目前山东境内发现的最早的"现代人"，其地质年代属于更新世晚期，在考古学上属于旧石器时代晚期。

　　1966年春新泰智人发现于今泰安新泰市乌珠台村，又称"新泰人"或"乌珠台人"。所发现的1枚古人类左下臼齿化石，长约11.6毫米，前部宽约10.2毫米，后部宽约10.4毫米，高约7.3毫米。牙齿化石没有齿带，颊面基部不凸出，咬合面副脊不发达，齿前部小于后部，在特征上属于晚期智人。

新泰智人是山东人类学史上的一个重大发现。从直立人阶段的沂源猿人，到"现代人"阶段的新泰智人，齐鲁先民漫长的进化路径得到了有力印证，山东早期文明的演进历程也得以充分呈现。1993年，乌珠台智人化石遗址被选定为山东省文物保护单位。

与新泰智人同时生活在齐鲁大地上的古人类遗存目前已发现近30处，比较知名的有淄博市沂源县的千人洞遗址、上崖洞遗址，临沂市沂水县的湖埠西遗址、平邑县的南屯村遗址、郯城县的黑龙潭遗址、望海楼遗址，烟台市蓬莱区的村里集遗址、长岛的长山岛遗址、海阳市的司马台遗址等。这说明到距今3万年左右，山东境内的早期人类已数量众多，他们创造的原始文化也日益发达。

（三）山东细石器文化的典型代表：临沂凤凰岭遗址

从距今3万年左右开始，齐鲁先民逐渐步入细石器时代，所制造和使用的石器逐渐小型化和复合化。从分布地域上看，细石器文化在我国黄河流域并不广泛，但在齐鲁地区却十分发达。目前山东境内已发现的细石器时代文化地点约有140余处，主要集中在鲁东南的沂沭河流域和汶泗河流域。具体言之，济宁汶上县内约有27处、兖州区内约有10处、嘉祥县内有1处，泰安宁阳县内约有6处，临沂市周围约有20余处、郯城县周围约有45处、沂水县境内约有20余处等。其中，发现时间最早、最具代表性的，当属临沂市的凤凰岭遗址。

凤凰岭遗址最早发现于1982年，主要位于临沂市东面约12公里处的河前冲积平原上。遗存高出地面10—20米，海拔高度60—70米，先后出土了700多件具有细石器文化特征的石核和石片，多经过人工二次修整，造型精致多样，表面有明显用火加工过的痕迹。从地质年代上看，凤凰岭遗址属于晚更新世之末至全新世之初。

山东细石器文化前后持续了近两万年，从距今3万年一直延续到距今

1万年。在此期间，齐鲁先民制作工具的水平快速提高，学会了用火，而且能够吃熟食，生活方式虽仍以狩猎和采集为主，但物质文化水平却得到极大提高。

以凤凰岭遗址为代表的山东细石器文化遗存的问世，不仅填补了山东从旧石器时代晚期到新石器时代早期之间的历史空白，而且还弥补了我国细石器文化地理分布上的一个空白，有极高的学术研究价值。

（四）中国万年文化史的重要实证：赵家徐姚遗址

经过旧石器时代和细石器时代几十万年的漫长演进，在距今1.32万年左右，齐鲁先民逐渐进入以磨制石器和陶器为标识的新石器时代，进而迎来了自身文化的极大发展。对山东新石器文化开始出现最有力的证明，便是近年新发现的赵家徐姚遗址。

赵家徐姚遗址于2021年底发现于淄博市临淄区，南距淄河约1.2千米，距离齐国故城遗址仅5千米，时代在距今1.32万年左右。遗址平面近圆形，核心区域约400平方米，共计出土陶片、陶塑、石制品、蚌壳制品、动物骨骼等各类遗物1000余件。其中，陶片标本200余件，均为夹炭红陶。个别陶片上有穿孔的痕迹，穿孔内壁平整，体现出相对成熟的制陶工艺。骨骼标本500余件，以环颈雉等鸟类和鹿类为主，表面存在切割痕迹，说明这是人们主要的肉食来源。石制品50余件，蚌壳制品25件，蚌器上见有规整的穿孔痕迹。

赵家徐姚遗址出土了我国北方地区最早的陶器和中国目前最早的陶塑。遗址出土的陶片质地均匀，器型规整，胎土掺杂有植物茎秆，属于典型的夹炭陶工艺，证明当时的制陶工艺已非常成熟。这不仅是我国北方地区出土陶片最早的遗址之一，也是我国早期制陶工艺最为成熟的遗址之一，更是东亚地区出土早期陶片数量最多的遗址之一。

赵家徐姚遗址保存完整，性质明确，填补了山东地区史前考古学文化序列的空白，是华北地区乃至东北亚旧石器向新石器过渡的重要考古发现，对认识中国北方尤其是山东地区旧石器文化向新石器文化过渡这一重大历史变革提供了关键证据。更重要的是，它为研究中华文明一万年的文化史提供了坚实标本。2023年3月1日，赵家徐姚遗址入围"2022年度山东省五大考古新发现"，之后不久又成功获评"2022年度全国十大考古新发现"。

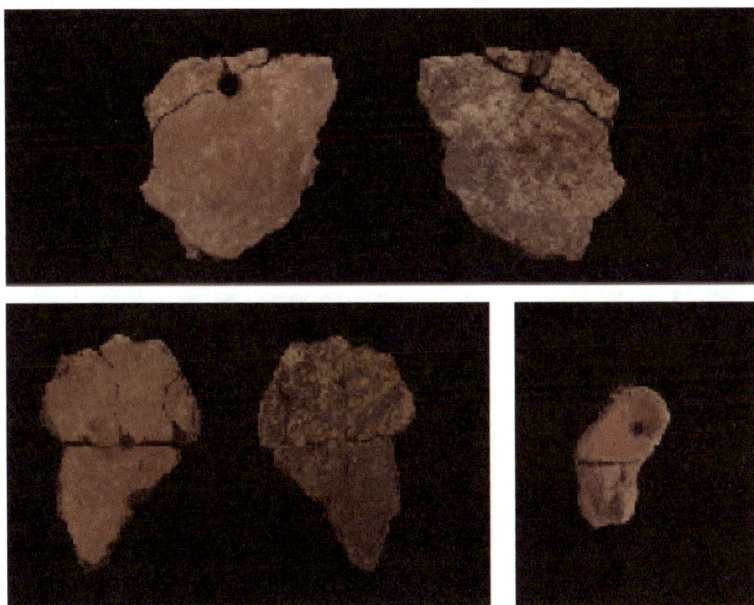

赵家徐姚遗址穿孔陶片

第二节　序列完整、光辉灿烂的东夷文化

从距今九千年左右开始，东夷人开始出现在齐鲁大地上，他们所创造的东夷文化日益繁盛。到目前为止，山东境内已发现数千处东夷文化遗

存，几乎遍布各个地市。其中，遗存内涵较为丰富、文化谱系衔接清晰、比较有代表性的，主要有如下几种。

（一）曙光初现的后李文化

后李文化因淄博市临淄区后李遗址的发掘而得名。它兴起于距今9000年左右，结束于距今7500年左右，前后延续了1500多年。

目前发现的后李文化遗存约有20余处，主要分布在泰沂山脉北麓的济南、滨州、淄博和潍坊等地。其中比较有代表性的考古学遗存有济南市章丘区的西河遗址、绿竹园遗址、摩天岭遗址、小坡遗址，滨州邹平市的孙家遗址，淄博市临淄区的后李官庄遗址，潍坊市寒亭区的前埠下遗址等。

后李文化陶器

诸遗存中出土了数量众多的石器、骨角器、蚌器等生产工具以及大量陶器和房址。石器的制作方式以打制为主，少部分经过琢制和磨制；陶器较为原始，烧制火候较低，多数为红色或红褐色；房址以方形浅地穴式为主，多为单间，面积一般在30平方米上下，大的接近60平方米。这时期的东夷人，在采集、渔猎之余还发明了农业，学会了栽培粟、黍、水稻、大豆等农作物，掌握了驯化和饲养家猪技术，并开始了长期的定居生活。当时的社会形态尚处于母系氏族社会，人们习惯于聚族群居，共同占有氏族财产，不存在财产私有现象。

后李文化是我国北方地区已知最早的新石器时代文化遗存之一。其中的西河遗址曾被评为"1997年全国十大考古新发现"。2001年6月又被国务院批准为全国重点文物保护单位。

（二）方兴未艾的北辛文化

北辛文化因枣庄滕州市官桥镇北辛遗址的发掘而得名。它开始于距今7500年左右，结束于距今6500年左右，前后延续了1000多年。

北辛文化遗址目前已发现100多处，其中分布在山东境内的主要有鲁南、鲁北和胶东等三个地方类型。鲁南地区的考古遗存主要有滕州孟家庄遗址、兖州王因遗址、汶上东贾柏遗址等；鲁北地区的考古遗存主要有章丘王官庄遗址、张店彭庄遗址、邹平苑城遗址、青州桃园遗址等；胶东地区的考古遗存主要有烟台白石村遗址、福山邱家庄遗址和蓬莱紫

北辛文化陶器

荆山遗址等。

北辛文化的典型器物有陶器、石器、骨角器等。陶器多为泥制，种类繁多，最具代表性的器类是鼎，不但数量丰富，而且制作精美。石器主要有镰、刀、铲、斧等，制作方法以打制为主，器型规整，制作精良。这期间，原始农业继续发展，粟作物遗存数量丰富，鹿角锄、石铲、石镰等原始农具随处可见。原始纺织业广泛出现，渔猎业非常发达，家畜饲养较为普遍。

北辛文化时期，东夷人仍处在母系氏族社会。这些遗址的墓葬以同性多人合葬墓为主，随葬品数量较少，说明当时的全体氏族成员仍然是生前聚族而居，死后聚族而葬，氏族认同感非常强烈。

（三）繁荣发展的大汶口文化

大汶口文化因1959年发掘于泰安市岱岳区大汶口镇的大汶口遗址而得名，年代范围约在距今6500年至4600年之间，前后延续了近2000年。在鼎盛时期，大汶口文化的分布地域以泰沂山脉为中心，北至黄河以北，南至淮河流域，西到河南省东部的淮阳一带，东则直达海滨，基本上囊括了今天山东省的全部、河南省的东部和安徽、江苏省的北部地区，覆盖了整个黄河下游和淮河中下游以北以及山东半岛地区，总面积超过了20万平方公里。

在近两千年的发展历程中，大汶口文化可再细分为早、中、晚三个时期。早期阶段在距今6500年至5500年间，代表性遗存有兖州王因遗址、泰安大汶口遗址、邹城野店遗址和烟台紫荆山遗址等。中期阶段在距今5500年至4900年间，代表性遗存有曲阜西夏侯遗址、胶州三里河遗址、诸城前寨遗址和安丘景芝镇遗址等。晚期阶段在距今4900年至4600年间，代表性遗存有莒县陵阳河遗址、大朱家村遗址、东海峪遗址和章丘焦家遗址等。

大汶口文化时期，随着生产力不断发展，社会财富得到快速积累，社会成员间的贫富分化日益明显，上层与下层间的差距日益拉大，一些区域性的中心聚落开始出现，社会复杂程度迅速加剧。在早期阶段，墓葬中尚未出现少数人占有贵重物品和奢侈品的现象，氏族成员间的贫富分化尚不普遍。但到了中期阶段，不同墓葬间随葬品的数量和质地开始相差较大，少数大墓使用了精雕细镂的象牙筒以及象征财富的猪下颌骨殉葬，氏族成员间的贫富分化已十分明显。到大汶口文化晚期时，社会形态已从母系氏族社会逐渐转变为父系氏族社会，男子成为家庭的核心，一夫一妻制的婚姻形式普遍出现。随着社会财富的日益积累和贫富分化的不断加剧，不同聚落群间的等级分化越来越明显，金字塔状的三级聚落已成为常见模式，围绕中心聚落的早期城址开始出现。目前山东境内已发现的大汶口文化城址至少有4座，包括济南章丘焦家遗址、枣庄滕州岗上遗址、日照尧王城遗址和五莲丹土遗址等，预示着早期国家即将出现。

　　大汶口文化是东夷文化的光辉发展阶段，也是新中国成立以来全国最受中外学界瞩目的重大考古发现之一。这一时期，山东早期文明已经发展到了一个很高的阶段。在器物制造上，大汶口文化不但发现了玉钺、玉

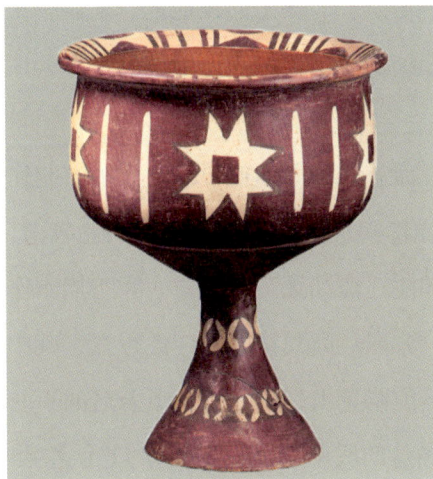

大汶口文化陶器

璧、象牙筒、象牙梳、象牙琮等高规格礼器，而且还出现了很多纯白色的硬质陶器，如无腹大袋足鬶、通体瘦高的背壶、宽肩壶以及细柄小陶豆等。这是中国古代陶器制作的高峰，代表了当时制陶工艺的领先水平。在精神文化层面，多数学者认为大汶口文化出现了最早的文字。在莒县陵阳河、大朱家村等遗址中的陶制大口尊上，发现了20多个形态各异的刻画符号，学者已将其释读为"炅、斤、戉、享、凡"等字，并认为这就是汉字的雏形。

（四）全面鼎盛的龙山文化

大汶口文化之后，东夷文化演进到以磨光黑陶为主要特征的龙山文化时期，从而迎来了山东古文明发展的顶峰。龙山文化因济南章丘区龙山镇城子崖遗址的发掘而得名，开始于距今4600年，结束于距今4000年，前后延续了600多年。

龙山文化在地域上遍布于长城以南至长江以北的各个省区，其中分布在山东境内的被称为山东龙山文化或典型龙山文化。目前，山东龙山文化遗址已发现1500多处，经过科学发掘的有近百处，比较典型的有泗水尹家城遗址、日照东海峪遗址、胶州三里河遗址、荏平尚庄遗址、诸城呈子遗址、栖霞杨家圈遗址、潍坊姚官庄遗址、兖州西吴寺遗址、邹平丁公遗址、阳谷景阳岗遗址等。

龙山文化时期，东夷文化在诸多方面都达到了鼎盛阶段。在陶器制作上，磨光黑陶大量出现，其中尤以蛋壳黑陶最具代表性。它们陶胎较薄，胎骨紧密，颜色漆黑发亮，素有"黑如漆、薄如纸"的美誉。在玉器制作上，钺、璇玑、璧、琮、璋、戈、圭、牙璋等高规格礼器广泛存在，其中的牙璋是最早出现在山东地区的礼器。山东龙山文化还发现了著名的丁公陶文。陶文刻写在一件磨光灰陶大平底盆的底部残片上，现存11个文字，自右向左纵向书写，共5行，最右一行3个字，其余4行各2个字。丁公陶文的时代在距今4200年左右，比商代甲骨文早了800余年，为研究汉字的起源和早期形态提供了重要依据。

丁公陶文

山东龙山文化在时间上属于文献记载中的五帝时代，正处于中国古代文明形成发展的关键时期。这期间，社会分工进一步扩大，作为各地中心聚落的城址大量出现。目前山东境内已发现了至少10处龙山文化城址，具体包括日照东港区的两城镇、岚山区的尧王城、五莲县的丹土，寿光的边线王、临淄的桐林、邹平的丁公、章丘的城子崖、阳谷的景阳冈、滕州的庄里西、费县的方城等。各城址由于文化堆积深厚，出土遗物丰富，在功能上已超出了单纯军事防御的性质，而成为各地的政治经济文化中心了。这些大规模城址的问世，表明当时的社会已经进入早期国家阶段，东夷人已经步入文明社会。

（五）持续发展的岳石文化

龙山文化之后，东夷文化发展到岳石文化时期。岳石文化因青岛平度市东岳石遗址的发掘而得名，开始于公元前2000年左右，结束于公元前1600年左右，在时间上与文献中记载的夏朝基本吻合，故岳石文化又被称为夏代的东夷文化。

岳石文化遗存目前已发现300多处，集中分布在胶东半岛、汶泗流域和沂沭河流域等地区，代表性遗存包括烟台市牟平区的照格庄遗址、长岛区的北庄遗址、东营市广饶县的营子遗址、潍坊青州市的郝家庄遗址、济南市章丘区的王推官遗址、济宁市泗水县的尹家城遗址、菏泽市东南的安邱堌堆遗址等。

在传世典籍中，活跃于岳石文化时期的东夷族主要由三部分组成：一是分布在潍、淄河流域的嵎夷，二是胶东半岛地区的莱夷，三是淮、泗河流域的淮夷。他们经过长时间的交流融合，又可细分为畎夷、于夷、方夷、黄夷、白夷、赤夷、玄夷、风夷、阳夷等几大分支，俗称"九夷"。这几大族群的文化创造和物质生产，构成了岳石文化的主体内容。

岳石文化双孔石刀

受夏文化影响，东夷文化的发展步伐逐渐缓慢下来。从遗址数量上看，山东龙山文化遗址已发现1000多处，但岳石文化却只有300多处。遗址数量的急剧减少，昭示着人口规模的减少和文化发展速度的缓慢，说明此时的东夷文化已逐渐步入衰退期。

综上可知，从距今九千年前的后李文化，到之后的北辛文化、大汶口文化、龙山文化，再到距今四千年左右的岳石文化，东夷文化先后走过了

岳石文化青铜兵器（铜刀）

五千多年的辉煌发展历程。经过几代考古学者的接续努力，东夷文化的丰富面貌和独特内涵已得到系统呈现。

第三节　特征鲜明、内涵丰富的齐鲁文化

自公元前1600年左右夏朝灭亡后，商、周王朝在中原地区先后兴起，商、周文化相继发展。在演进过程中，商、周文化逐渐向东扩张，并不断与东夷文化交流融合。东夷文化在无力与之对抗的情况下，只能改变原有的发展轨迹，逐渐走上了与商、周文化合流的新征程，并最终催生了内涵丰富的齐鲁文化。

（一）商人经略东土与夷商文化融合

商文化与东夷文化渊源深厚。商人与东夷人都以鸟为图腾，商人早期

的几个都城都在山东境内，其中仲丁所居的亳在山东曹县，祖乙所居的庇在山东菏泽，南庚所居的奄在山东曲阜。在早期发展过程中，商文化与东夷文化交流频繁，互通有无。商人灭夏时，以伊尹和仲虺为代表的东夷贤士积极出谋划策，贡献智慧，双方关系密切。

夷商之间的亲密盟友关系，自商代中期开始走向破裂。大约从商王仲丁开始，商人频繁征伐东夷，双方冲突不断。仲丁之后，历代商王都有征伐东夷的举动，尤其是帝乙和帝辛时期，征伐东夷成了商人政治生活的重要内容，以至于有"纣克东夷而陨其身"的结局。

与商朝军队一起来到东夷腹地的还有强大的殷商文化。从商代中期开始，商文化大举东进，并逐渐成为东夷地区的主流文化形态。面对商文化的强势攻略，东夷文化无力对抗，只能一面自西向东不断退让，一面逐渐与商文化深度融合。到商朝末年，除了胶东半岛外，山东其他地区几乎都实现了夷商文化的双向合流。

对商代夷商文化的融合过程，考古学上有更直接呈现。约在二里岗上层文化时，济南的大辛庄和滕州的前掌大两地都出现了商文化据点。在这些遗存的周围虽然仍遍布着东夷文化，但商文化占领东夷文化战略要地的趋势已经形成。到商代中期，商文化在鲁北地区已经向东推进到了弥河流域，并形成了桓台史家遗址、唐山遗址这样的中心聚落。在鲁南地区，商文化已经向东推进到了洙泗河流域，并形成了滕州前掌大这样的中心聚落。在这些中心聚落的周围，还密布着数量众多的商文化遗存。到晚商时期，山东各地的商文化遗存日益增多，且新出现了青州苏埠屯、滨州兰家等大型聚落遗址，而纯粹的东夷文化遗存则非常少见。这说明此时期殷商文化在东夷腹地全面覆盖东夷文化、夷商文化全面融合的局势已经形成了。

在商代近六百年的发展历程中，东夷文化延续了七千多年的独立发展路径被迫发生转变。随着商文化全面东进，东夷文化全方位融入殷商文化、

甲骨文"征人方"卜骨

夷商文化全面融合的现象已逐渐成为时代的主旋律。这期间，山东境内除了原有的东夷文化外，又迎来了底蕴深厚的殷商文化。随着东夷文化与殷商文化的不断交流融合，山东文化的特质不断多元化，其内涵也在日益丰富发展。

（二）西周封邦建国与齐、鲁文化形成

约在公元前1046年，随着周武王在牧野之战中大获全胜，商人统治被彻底推翻，中国历史上存续时间最长的周王朝正式建立。山东古文化也迎来了新的发展契机。

周公东征后，为加强统治，周人开始大规模封建诸侯，以藩屏周。在山东地区，周王室先后分封了齐、鲁、滕、茅、郕、曹、逄等众多诸侯国。以这些诸侯国为基础，周文化全面东进，并逐渐取代商文化而成为东夷人信奉的主流文化。到西周晚期时，周文化几乎覆盖了海岱地区的各个角落。

鲁国始封君周公像

在周人分封的诸侯国中，齐、鲁两国的势力最为强大。齐国为姜太公的封国，鲁国为周公的封国。两国一在泰山以北、一在泰山以南，彼此地理相近，来往频繁，故有很多相通之处：首先，两国治下的人员构成相同，都是数量众多、文化底蕴深厚的东夷人和殷商遗民。其次，两国的统治地域相类，都位于东夷人长期生活的腹心地区。最后，两国的使命相同，都肩负着稳定东土和开拓疆域的重任。在这些共同点的支撑下，齐文化和鲁文化本应相近。但由于统治者治国方略的不同，齐、鲁两国逐渐形成了各自不同的文化内涵和精神特质，彼此之间的差异也日益明显。

其中，齐国的始封君姜太公实施了"因其俗、简其礼""尊贤尚功"的治国方略，"俗之所欲，因而予之；俗之所否，因而去之"，在允许殷夷文化继续存在的基础上适度推行周文化。同时，太公还鉴于齐地多盐碱化、地力薄而民众寡的现状，大力发展工商业，"通末利之道，极女工之巧"，以工商立国。与之不同，鲁国的国君伯禽则采用了"变其俗、革其礼""尊尊亲亲"的治国方略，坚定不移地用周文化强力改造当地固有的夷人文化传统。同时，伯禽还力行重农政策，全面发展农业耕作，而不注重工商业的发展。

在两种治国方略的长期引导下，齐文化和鲁文化逐渐形成了不同的文化特质。其中，齐文化重工商，鲁文化重农耕；齐文化重变革，鲁文化重因袭；齐文化重利尚技，鲁文化重礼尚义；齐文化重霸道，鲁文化重王道；齐文化重才智，鲁文化尚信义；齐文化多元，鲁文化持中；齐人喜欢建功立业，鲁人喜欢礼仪教化；齐人阔达放任，鲁人淳朴稳健；齐人善谋划，鲁人行正道。这些文化传统、民众性格、风尚习俗上的差异性，便让齐文化和鲁文化走上了两条不同的发展道路。

虽然齐、鲁文化之间存在显著差异，但两者间的交流和融合却从未间断。从西周开始，齐、鲁文化在独立发展的过程中，也在频繁交流融合，互通有无。到战国晚期，随着争霸战争的加剧和大一统思想的盛行，齐、鲁文化融合的步伐逐渐加快。秦汉时期，随着统一王朝的建立，齐、鲁文化最终合流为齐鲁文化，并逐步融入中华主流文化中，成为中华优秀传统文化的重要组成部分。

（三）东周时期齐鲁礼乐文明的发展

中国素有"礼义之邦"的美誉，礼乐文化是中华优秀传统文化的核心。在礼乐文化发展过程中，齐鲁先民做出了巨大贡献。

西周时期，周公制礼作乐。随着分封制度的推行，周礼逐渐成为各国通行的最高礼乐文化。但随着周王室东迁洛邑，"礼崩乐坏"逐渐成为春秋时代的鲜明特征，上自周王卿士，下至各级贵族，都在不同场合违礼乱乐，并听任周礼日渐废坏。这期间，与周王室和许多诸侯贵族无视周礼崩坏的态度不同，齐、鲁两国都时常表现出维护周礼、坚奉周乐的尊王隆礼行为。其中，鲁国上自国君、下及普通士大夫，多以维护周礼为己任，齐国的管仲、晏婴等卿大夫也都以尊礼重乐而闻名于世。

鲁国本是周公的封国，是除周王室外典藏周礼最丰富的诸侯国。自建国之日起，鲁国便坚定不移地推行周人的礼乐教化和典章制度，从而使周礼传统深深植根在鲁人心中，历代鲁君也以尊崇周王室、维护周礼为己任。春秋战国时期，鲁国依然固守周礼传统，并逐渐成为周礼的重要典藏地。公元前544年，吴公子季札出使鲁国时，曾对鲁国展示的周代乐舞叹为观止。公元前540年，晋国卿大夫韩宣子在鲁太史处看到了听闻已久的《易象》与《鲁春秋》后，大为赞叹道："周礼尽在鲁矣！"季札和韩宣子所在的吴国和晋国都属于春秋时期的重要诸侯国，都是出自王室的姬姓封国，但它们后来都先后将周礼丢弃，以至于连公室子弟和执政大臣都不再熟知。与它们相比，鲁国在当时虽然国力衰弱，但它对周文化的坚守和信奉却是一以贯之、矢志不移的。这种传承和弘扬礼乐文化的历史传统和时代担当，在当时是独树一帜的。

与鲁国相似，齐国也有很多有识之士大力呼吁研习周礼，并主张利用周礼治国安民。管仲相齐时，曾特意将礼、义、廉、耻列为国之"四维"，并适时举起了"尊王攘夷"的大旗。为挽救周礼崩坏、王室衰微的乱局，管仲成功劝说齐桓公全力维护王室权威和周礼传统。晏婴也坚持以礼治齐，并在执政期间有意识地重建礼治传统。晏婴指出，礼是治国之本，

管仲纪念馆

"礼之可以为国也久矣，与天地并"。只有重视礼治，国家才会长治久安，百姓才能安居乐业；若失去礼治，国家便会陷入混乱。只有依礼治民，才能"民不迁，农不移，工贾不变，士不滥，官不滔，大夫不收公利"。

在众多齐鲁有识之士的持续努力下，礼乐崩坏的速度被大大延缓，周礼的精神理念得到了有效传承。可以说，周礼之所以能在秦汉之后依然发展延续，中华礼乐文明之所以历经春秋战国数百年的战乱而没有中断，齐、鲁两国的坚守和努力发挥了重要功用。齐鲁文化为中华礼乐文明的传承和发展，做出了独特贡献。

结语　为山东文化"两创"提供深厚历史依据

2022年5月27日，习近平总书记在主持中央政治局第三十九次集体学习时指出，"中华文明源远流长，博大精深"，"是中华文化创新的宝藏"。在五千多年中华文明的漫长发展进程中，齐鲁文化始终占有重要地位，是中华文化创新发展的重要宝藏之一。深入挖掘齐鲁文化的深厚历史底蕴，系统总结齐鲁文化的独特发展路径，不但可以有效助力当前的山东文化强省建设，而且还能够为山东传统文化的转化创新工作提供丰富的历史借鉴。

源远流长的文脉传承为齐鲁文化的转化创新提供了深厚的历史依据。欲流之远者，必浚其泉源。中国百余年的现代考古成果显示，山东地区是中华文明的重要发祥地。齐鲁地区在六十多万年的漫长发展历程中，不但出现了举世瞩目的沂源猿人和新泰智人，而且还形成了"后李文化—北辛文化—大汶口文化—龙山文化—岳石文化"等一脉相承的史前文化发展序列，用丰富资料和可信依据实证了山东地区几十万年的人类史、一万多年的文化史和五千多年的文明史。这一辉煌发展进程，是认识齐鲁文化内涵特质的深厚历史依据。

丰富多彩的历史内涵为齐鲁文化的转化创新提供了丰厚的历史积淀。在六十多万年的辉煌进程中，齐鲁大地上曾经产生了诸多发达且先进的物质文化、礼仪制度和思想观念，在不断彰显自身魅力的同时，也从多个层面深刻影响着中华文明的内涵特质。例如，齐鲁先民最早发明了文字，较早掌握了先进的青铜冶炼技术，并创造了发达的城市建筑和礼仪制度。无论是莒县陵阳河、日照尧王城、诸城前寨等大汶口文化陶器上的刻画文字，胶州三里河、诸城呈子等遗址出土的铜器残片，还是五莲丹土、章丘焦家等地巍然矗立的十余座早期城址，都以坚实的证据表明，齐鲁文化历史悠久，内涵丰富，特质鲜明，并深刻影响着中华文明的形成历程和早期发展路径。尤其是山东龙山文化大量黑陶的问世，更是为中华文明本土起源说提供了考古学上的确凿证据，全面驳斥了"中国文化西来说"。这些文化特质和丰富内涵，都是今天齐鲁文化持续发展并不断转化创新的重要宝藏。

山东古代悠久的历史长河中蕴藏着齐鲁先民生生不息、长盛不衰的文化基因，也积淀着齐鲁文化不断创新发展、绵延不绝的精神力量。我们应当利用更多考古新资料，不断延伸齐鲁文化的历史轴线，增强齐鲁文化的历史信度，丰富齐鲁文化的历史内涵。在此基础上，不断深挖齐鲁文化的丰富内涵，总结齐鲁文化特质，加大齐鲁文明史研究，从不同层面弘扬齐鲁文化，讲好山东故事，从而为齐鲁文化的转化创新工作提供更多的理论支撑和历史借鉴。

第二章

圣贤名哲人才辈出

山水皆为长，齐鲁圣人乡。齐鲁大地是中华文明重要的发祥地，从新石器时代开始，东夷部族在海岱地区繁衍、生息，与周边部族有着多种形式的交流互动。上古圣王，德泽布于民。名臣贤相，辅佐君王治国安邦，功业烂然。诸子百家，半出齐鲁，儒家之孔子，墨家之墨翟，兵家之孙武，彰显齐鲁文化"重心"地位。儒学递嬗，至汉代经学复盛，经学宗师多出齐鲁，汉武帝采纳董仲舒的建议"罢黜百家，独尊儒术"，成就"汉家气象"。自古以来，齐鲁地区人文荟萃，为文学盛地。以刘勰、李清照、辛弃疾、王士禛、蒲松龄等为代表的山东文学名家，大匠挥斤，彬彬藻蔚，引领一代风尚。而游宦山东的诸多文化名人，也在山东留下名篇美句，使齐鲁文坛更加璀璨。艺术名家层见叠出，百花齐放。山东孕育了王羲之、颜真卿、张择端等书画名家，同时吸引郑道昭、赵孟頫等名人留下翰墨遗珍。齐鲁大地圣贤名哲人才辈出，齐鲁文化博大精深，展示出传承不息的生命力。

第一节　上古圣王与名臣贤相

天地玄黄，宇宙洪荒。上古圣王带领部族在海岱地区繁衍、生息，创造了辉煌灿烂的原始文化。名臣贤相辅佐君王成就一代霸业，功在当世，名垂青史。君圣臣贤，民安国泰，共同开创了一个又一个河清海晏、日月同辉的盛世，成为光照千秋的历史镜鉴。

（一）上古圣王，德泽于民

有道之君，德泽布于民。少昊凤鸟立制，"百鸟之国"欣欣向荣；虞舜为政明德天下，只为苍生；皋陶、伯益施行仁政，造福于民。

1.凤鸟立制的少昊

少昊原名挚，是东夷部族的著名首领。少昊兴起于穷桑，后来建都曲阜。少昊氏以鸟为崇拜图腾，并用鸟来命名族群内的官职，如凤鸟氏是历正，总管天文历法。历正下设有四属官：玄鸟氏负责春分、秋分；伯赵氏分管夏至、冬至；青鸟氏掌管立春、立夏；丹鸟氏负责立秋、立冬。又设有名为"五鸠"的官职，分管社会事务：祝鸠氏是司徒，雎鸠氏是

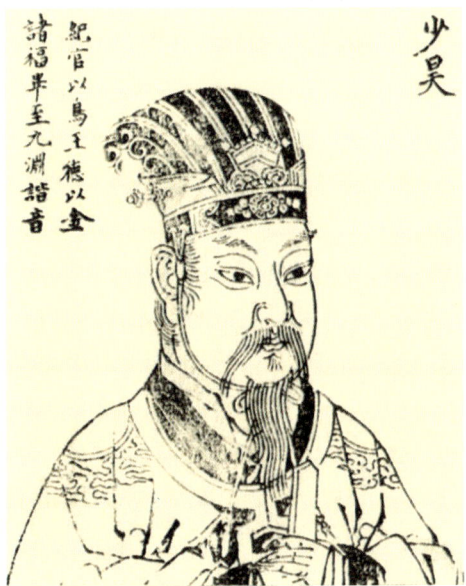

少昊像

司马，鸤鸠氏是司空，爽鸠氏是司寇，鹘鸠氏是司事。少昊氏以鸟纪官，各司其职，部族日渐兴旺，成为欣欣向荣的"百鸟之国"，少昊也有"百鸟之王"的美誉。

春秋时期，自称少昊氏后裔的诸侯国中位于山东境内的有郯国（今临沂郯城）、费国（今临沂费县）、莒国（今日照莒县）、谭国（今济南章丘）。这些诸侯国的分布，说明以少昊氏为首领的东夷人曾在山东境内广泛活动。

二十世纪七十年代末，著名古文字学家唐兰先生率先提出，大汶口文化是少昊氏部族的文化遗存。时间上，少昊氏应在太昊氏之后。少昊氏兴起时，太昊氏已经衰落。唐兰先生的看法得到了大多数学者的认可。目前考古发现的陶文、大墓等材料证明，少昊氏不仅存在于大汶口文化时期，而且还延续到龙山文化时期，中间经历了不断迁移和发展的过程。

2.为政以德的大舜

舜是东夷有虞氏的首领，所以称为虞舜。舜生有重瞳，又名重华。舜出生于诸冯，是"东夷之人"。

帝舜像

舜虽为黄帝的后裔，但出身贫寒，他的家族到他这里已为庶民。舜的母亲早逝，父亲昏聩，继母悍戾。父亲与继母所生的弟弟名"象"，性情顽劣。面对顽父、嚣母及傲弟的虐待及谋杀，舜依旧仁爱地对待家人，以德报怨，维持家庭和睦。舜二十岁时便以孝行闻名，收获了较高的社会声誉。同时他还以极高的道德感化身边的每一个人，在历山耕作时，当地百姓"人皆让畔"；

在雷泽渔猎时，当地居民"人皆让居"；在河滨制陶时，周围人受其德化，不再粗制滥造。因为品德和能力超群，舜被举荐给尧。尧将自己的两个女儿娥皇和女英嫁给舜，并对舜进行了长期的考察，最终将部落首领的位置禅让给了舜。

舜接任部落首领期间，治洪水，制典乐，明定赏罚，整顿吏治，巡狩四岳，使政治清明，教化大兴，百姓安居乐业。舜又遵循禅让制，将部落首领之位传给大禹，体现了天下为公、只为苍生的高尚品德。舜在位时广施仁政，选取贤才共同治理天下，开创了政通人和的局面。在传统文化中，舜作为一种道德的象征而存在，他身上凝聚了中华民族的优良传统，蕴含着浓郁的人文情怀。

3.东夷杰出首领皋陶、伯益

皋陶本名繇，是少昊氏之后。他出生在曲阜，曲阜属于偃地，舜帝便赐他为偃姓。皋陶被帝尧聘为"理"，被虞舜任命为"士师"，"理""士师"都是掌管司法的最高官员。大禹即位后，认为皋陶最贤，意欲禅位于他，但皋陶未等到继位便去世了。皋陶辅佐了尧、舜、禹三代，他兴"五教"、定"五礼"、创"五刑"、立"九德"、亲"九族"，使天下从此有法可循。作为中国古代法治思想的先行者，皋陶主张依法治国和以德治国相结合，并且遵从民意。传说他制定《狱典》，构建了中国最早的司法制度体系，被尊为中国的"司法鼻祖"。皋陶是中国上古时期法治思想的主要拓荒者，他的法治思想是中华早期文明中的一抹曙光，促成了尧、舜、禹时期河清海晏的局面。

与皋陶几乎同时期的伯益，同样是东夷部族中的杰出代表。伯益知晓飞禽走兽的性情及语言，所以被舜举荐为虞官，职掌山川林泽及鸟兽事务。伯益辅佐大禹治理水土，教民引水灌溉种稻，他是中国凿井技术的开创者。伯益造福于民，使先民的生产活动空间更加开阔，摆脱了依河而居的限制。皋陶去世后，伯益被举荐为新一任部落联盟首领的候选人，与大禹共同执政。在伯益的带领下，东夷部族发展迅速，属地包括今泰山以南、苏皖以北、鲁豫交界以东、大海以西的全部地区。

虞舜、皋陶和伯益作为上古圣贤的杰出代表，在五帝时代占有辉煌的一页。此时的东夷文化独树一帜，迅速发展，与中原华夏文化交相辉映，有力地推动了中华文明发展的进程。

（二）名臣良将，功业烂然

以姜太公、管仲、诸葛亮、王导等为代表的名臣良将，身系国之安危、时之轻重，可谓国家柱石、社稷之臣。

1.翦商建齐的姜太公

姜尚又名望，字子牙，又称姜太公。先祖伯益辅佐大禹治水有功，封于吕地，所以姜尚又称吕尚、吕望。

姜尚年轻时穷困潦倒，直至七八十岁在渭水滨钓鱼时遇到周文王姬昌，命运才发生转变。姜尚随姬昌回到西岐，被拜为军师。在姜尚的帮助下，姬昌征讨小国，建设丰邑。姬昌死后，其子周武王姬发继位，尊姜尚为"师尚父"。姜尚协助武王在孟津大会天下八百诸侯。两年后，纣王杀王子比干，囚禁箕子，民心动摇。姜尚劝说武王伐纣。武王发兵前，占卜不吉，行军途中又遇恶劣天气，姜尚力排众议、稳定军心。商军虽人多势众，但士卒与纣王早已离心离德、阵前倒戈。在姜

姜太公像

尚指挥的大军围困下，纣王被迫自焚于鹿台。自此商朝灭亡，周朝建立。

因翦商之功显著，姜尚被首封于齐地营丘建立齐国。建都营丘后，司寇营汤巧言令色，阳奉阴违，姜尚诛营汤以定齐国。姜尚顺应民心，以法治国，在文化上从俗简礼，同时因地制宜，大力发展冶炼业、渔盐业和商业，使齐国逐步由偏僻之地一跃成为富庶之国。姜尚的军事思想集中体现在《六韬》中，他本人也被后人所推崇，在民间传说与文学创作中不断被神化。

2. 齐国名相管仲、晏婴

春秋时期齐国有两位为后世称赞的贤相，一位是管仲，另一位是晏婴。管仲辅佐齐桓公首霸，晏婴辅佐齐景公中兴齐国，二人都是有功于齐的名相。

齐桓公称霸中原的征程中，离不开管仲的帮助。齐桓公继位前，与兄弟公子纠争夺齐国君主之位。当时管仲辅佐公子纠，为帮助其主，管仲曾想射杀齐桓公，但并未成功。后来齐桓公继位，在鲍叔牙的举荐下，心胸宽广的齐桓公任命管仲为齐国之相，尊管仲为"仲父"。鲍叔牙与管仲的情谊也被后人称为"管鲍之交"。

管仲为相后，推行经济改革，施行"相地而衰征"，推行"官山海"的政策，国家垄断经营海盐、铁矿的生产流通。他在政治上不拘一格选贤任能，打破了地域、阶层的限制，并且建立官员考绩制度。在军事上，将军事管理纳入行政管理中，保障士兵来源及军队的高

管仲像

效运转。在管仲的辅佐下，齐国日渐民足、兵强、国富，齐桓公也成为春秋首霸，实现了九合诸侯、一匡天下的理想。管仲的改革和思想长期影响着中国的政治、经济和文化，因此也有"春秋第一相"的美誉。

继管仲之后，齐国又出现一位名相晏婴。晏婴相继辅佐灵公、庄公、景公三位国君。为相期间，晏婴"以节俭力行重于齐"，他生活俭朴、礼贤下士。在与邻国的外交中，他不卑不亢，机智应变，"晏子使楚"便是广为传诵的故事。身材矮小的晏婴出使楚国，楚王想用狗洞来侮辱他，晏子用造访"狗国"还是"人国"来巧妙应对。晏子向齐景公推荐军事奇才田穰苴，在晏婴、田穰苴的辅佐下，齐景公先后征伐徐、莒，齐国霸业日渐复兴。晏婴在外交上有着折冲樽俎的本领，上则敢于直谏，下则倾听民意，在战乱纷起的时代将齐国治理得国富兵强，使齐国迎来第二次飞腾。司马迁曾言，如果晏子还活在世上，即使为晏子执马鞭，也是他所向往的。这充分体现了晏子的人格魅力及对后人的影响。

3. "鞠躬尽瘁，死而后已"的诸葛亮

诸葛亮（181—234），字孔明，琅琊阳都（今山东沂南）人。诸葛亮出生于官吏之家，诸葛氏是琅琊的望族。但诸葛亮幼时父母双亡，他与弟弟诸葛均跟

诸葛亮像

随叔父诸葛玄过着颠沛流离的生活。诸葛玄去世后，诸葛亮隐居隆中，以管仲、乐毅自比，关注时事，结交名士，声名远播。建安十二年（207），刘备"三顾茅庐"，诸葛亮献上《隆中对》，出山入幕。

在诸葛亮的帮助下，蜀汉建立，刘备称帝，与曹操、孙权鼎立天下。刘备之子刘禅继位后，封诸葛亮为武乡侯，领益州牧。诸葛亮辅佐后主，尽心竭力。为更好地巩固蜀汉政权，实现匡扶汉室的宏伟大业，他七擒孟获，六次出兵北伐。军中事务，事无巨细，他亲自过问，一丝不苟，日理万机。建兴十二年（234），因积劳成疾，诸葛亮病逝于五丈原，一代奇才就此陨落。

诸葛亮生于乱世，胸怀兴汉室、安黎民的大志，真正做到了"鞠躬尽瘁、死而后已"。虽然"出师未捷身先死"，但在风云变幻的历史舞台上，诸葛亮才冠三国，名扬天下，无疑是最光辉的人物之一。

4. 东晋中兴第一功臣王导

东晋开国江南，号称"中兴"，王导辅佐东晋立国，被称为"东晋中兴第一功臣"。王导（276—339），字茂弘，琅琊郡临沂县（今山东临沂）人。他出身于魏晋名门琅琊王氏，早年与琅琊王司马睿友善。西晋末年，天下板荡，王导向司马睿进言移镇建业（今南京）。司马睿采纳建议后，王导相随南渡。

司马睿登帝位后，任命王导为丞相。永昌元年（322），王导堂兄王敦起兵反叛，史称"王敦之乱"。王导坚决反对，出面维护晋室，与王敦决裂。司马睿去世后，晋明帝司马绍继位，王导受命辅政。司马绍去世，晋成帝司马衍即位，王导与外戚庾亮等共同辅政。他凭借敏锐的政治洞察力，坚决反对庾亮征召历阳太守苏峻入京。"苏峻之乱"平定后，他驳斥众人迁都的建议，稳定局势。此后他又联合太尉郗鉴继续执政，维持东晋政权。咸康五年（339），王导去世，司马衍在朝廷上举哀三天，丧葬仪式十分隆重。

王导历仕三朝，为稳定东晋政权采取一系列措施团结南北世家大族，稳定民心，关心教育，兴办学校。他对江南地区的社会安定、生产发展做出了重要贡献，堪称东晋立国的社稷之臣。

5.凌烟阁上的济南人：房玄龄、秦琼

"请君暂上凌烟阁，若个书生万户侯？"李贺的诗句道出了文人投笔从戎的理想。唐贞观十七年，唐太宗李世民为表彰同他一起打天下的功臣，命阎立本在凌烟阁内绘制二十四名功臣的画像，是为"凌烟阁二十四功臣"。在这二十四位功臣里，名相房玄龄、名将秦琼都是济南人。

位列凌烟阁第五位的房玄龄，是历代宰相中的翘楚。房玄龄（579—648），名乔，字玄龄，齐州历城（今山东济南）人。房玄龄有着超前的政治眼光，在渭北投靠时为秦王的李世民，出谋划策，参与"玄武门之变"，是李世民得力的谋士之一。房玄龄富有"伯乐"之能，将善于谋略和骁勇善战的人招揽在秦王李世民府中，为日后李世民统一天下提供骨干力量，也为贞观之治奠定了人才基础。他与杜如晦并称"房杜"，都是良相的典范。

房玄龄像

秦琼字叔宝，齐州历城（今山东济南）人。初仕隋朝，后与程咬金等人一起投奔李渊、李世民父子。他是李世民麾下第一勇将，随李世民南征北战，屡立奇功。今济南市五龙潭畔有"唐左武卫大将军胡国公秦叔宝之故宅"石碑，潭北有秦琼祠，殿内塑秦琼像。在民间，秦琼是忠义的化身。到如今，门神年画依旧绘有秦琼和尉迟恭，表达了百姓对秦琼的纪念和对安定生活的期盼。

6.父子宰相刘统勋、刘墉

有清一代，宰相刘罗锅，即刘墉，是最为后世百姓所熟知的官员之一。而实际上，刘墉的父亲刘统勋在当时名气更大，是朝廷重臣。无论生前还是身后，刘统勋都深受乾隆皇帝尊重，被称为"真宰相"。

刘统勋（1700—1773），字延清，号尔钝，山东诸城人。他为政四十余年，清廉正直，敢作敢为，多次奉命审理官员贪渎案件，弹劾三朝元老张廷玉徇私枉法。他前后督理河道、治理水患三十多年，治水之功深得乾隆赞赏。在胶州勘荒赈灾之时，他亲自沿途勘查，掌握一手材料。他以苍生为念，敢为国家社稷担当，"真宰相"之名实至名归。

刘墉继承父亲衣钵，官至体仁阁大学士，是乾隆、嘉庆朝的重臣。刘墉（1719—1804），字崇如，号石庵，人称"刘罗锅"，山东诸城人。为官清廉，有其父刘统勋之风。刘墉的仕途并不平坦，但他在宦海沉浮中坚持原则，以清正刚直著称。任地方官期间，他整顿官场恶习、科场积弊，深受百姓爱戴。

清朝时山东诸城刘氏先后出了十一位进士，乾隆特赐字"海岱高门第"。刘统勋、刘墉这对著名的"父子宰相"，也一度为人所熟知，誉满天下。

第二节　先秦诸子与经学大师

诸子思想耀华夏，百家人物半齐鲁。齐鲁地区是儒家学派的发祥地。在儒学嬗递过程中，齐鲁经学大师同样发挥着至关重要的作用。

（一）诸子百家，半出齐鲁

春秋战国时期，诸子并起，百家争鸣，中国的思想文化大放异彩。诸子百家大半出自齐鲁地区，精深的思想滋润着齐鲁文脉。

1."至圣"孔子

春秋之世，齐鲁大地为东方的文化中心，在这片文化沃土上，孕育了一位名垂青史的文化巨人——孔子。孔子的出现，对中华民族精神及品格的塑造产生了积极而又深远的影响。

孔子（前551—前479），名丘，字仲尼，鲁国陬邑（今山东曲阜东南）人。孔子的先世是宋国贵族，但他家境贫寒，年轻时做过管理仓库、畜牧的小吏。孔子精通六艺，兴办私学，聚徒传道；五十岁后任中都宰，迁为司空、司寇；五十五岁时带领弟子周游列国，并未得到重用。鲁哀公十六年（前479），孔子辞世。

孔子晚年着手整理文献，编订"六经"。他提出"仁"的思想，以"仁""礼"为思想基础，总结出"德政""礼治"的治国理念；强调"中庸"之道，将"礼"作为中庸的标准；倡导"君子"化的理想人格。孔子还兴办私学，有教无类，打破了"学在官府"的局面。孔子所创立的儒家学派，以"仁""礼"为思想核心，最终成为中国传统文化的主干内容。孔子作为中国乃至世

尼山孔子雕塑

界公认的思想家和教育家，被誉为"至圣先师""万世师表"。

2."亚圣"孟子

孟子是孔子之后儒家学派的代表人物。孟子（约前372—前289），名轲，字子居，一说字子车、子舆，邹国（今山东邹城东南）人。他是鲁国贵族孟孙氏的后裔。孟孙氏衰微后，有一支从鲁迁居邹国，便是孟子的祖先。

孟子父亲早逝，与母亲相依为命。为了给孟子营造良好的成长氛围，孟母三次搬家，"孟母三迁"成为一时佳话。孟子对孔子极其推崇，并且继承了孔子的仁学学说。学成后，孟子带领弟子游说诸侯，游历了齐、梁、宋、滕、鲁等国，却未能受到重用。孟子晚年回到家乡，传道授业，著书立说，成就《孟子》一书。

如果将孔子比作儒家学派大厦的设计者和奠基人，那么孟子就是战国时期儒家学派大厦的完善者。孟子继承孔子衣钵，拓展孔子仁学的范围，提倡性善论，主张行仁政，以民为贵。他重视道德修养，提倡养浩然之气，要有大丈夫精神。他关于义利之辨、经权之辨、性命之别等命题的论说，都深刻影响着中国人的文化性格。孟子与孔子并称为"孔孟"，被后人尊为"亚圣"。

3."科圣"墨子

战国时韩非有言："世之显学，儒、墨也。"墨家在当时的地位可见一斑。墨家的创始人是墨翟，又称墨子。墨子"生于鲁而仕宋"，平生足迹很广，曾经到过齐、卫、楚等国，并打算去往越国，但终未成行。

墨子提出兼爱、非攻、节用、节葬、尚贤、尚同、非命等主张。墨子一生身体力行自己的主张，苦行简朴，以苦为荣。除了是一位著名的思想家、哲学家，墨子还擅长制造，并与鲁班齐名。据载，墨子与公输般（鲁班）曾进行过一场沙盘推演，并取得胜利，最终成功劝说楚国放弃攻打宋国。墨子救宋事件，是墨子践行"非攻"主张之举，也体现了他出众的谋略和极强的动手能力。

墨子的著作中还有许多关于物理、数学、机械制造等方面的论述。在力学方面，墨子首先定义了"力"，揭示出物体运动是因为有力的作用，并且总结出杠杆原理。在光学上，他发现光沿直线传播，最早解释了小孔成像的原理。在数学方面，他定义了"圆""方"等数学概念。这些理论都领先于西方科学家提出。墨子在古代中国播下了科学的火种，被认为是中国科学家的鼻祖，被后世尊称为"科圣"。

4."兵圣"孙武

"国之大事，在祀与戎。"春秋战国之际，诸侯争霸，战乱四起，将星璀璨，其中最著名的便是号称"兵圣"的孙武。

孙武像

孙武（约前545—约前470），字长卿，春秋末期齐国乐安（今属山东省北部）人。孙武祖上为齐国贵族，齐国内乱，孙武避乱出奔吴国，入吴后长期避隐深居，潜心研究兵学。经吴国谋臣伍子胥多次推荐，孙武带上他的兵法十三篇拜见吴王，受到吴王称赞，被封为将军。吴楚交战，孙武在柏举大战中指挥吴国军队，千里奔袭，长驱直入，五战五捷，直捣楚都，创造了中国军事史上以少胜多的奇迹，对春秋时期的政治形势产生了巨大影响。

孙武强调在战争中应积极创造条件，发挥人的主观能动性，最早揭示出"知己知彼、百战不殆"等战争的普遍规律。他的军事思想集中体现在著作《孙子兵法》中。孙武的军事理论受到古今中外军事家的广泛推崇，至今仍有科学价值。《孙子兵法》被誉为"兵学圣典"，孙武本人作为中国古代军事学科的奠基人，也被尊称为孙子、孙武子、兵家至圣。

5. "计圣" 孙膑

战国时期，齐鲁大地又出现了一位杰出的军事家——孙膑。孙膑（前380—前321），字伯灵，齐国阿（今山东阳谷）、鄄（今山东鄄城）一带人。

孙膑曾与庞涓为同窗，师从鬼谷子。庞涓入魏，担任将军，自认才能不如孙膑，出于嫉恨，将孙膑召入魏国后蓄计陷害，挖去孙膑的膝盖骨，并在其额头刺字。"孙膑"一名由此而来。后在齐国使者的帮助下，孙膑投奔齐国，被齐威王任命为军师，辅佐齐国大将田忌两次击败庞涓，取得了桂陵之战和马陵之战的胜利，奠定了齐国的霸业。

孙膑像

田忌曾与人赛马，常因马的足力差而输掉比赛。在孙膑建议下，用下等马同对方的上等马比赛，再用上等马同对方的中等马比赛，最后用中等马同对方的下等马比赛，结果田忌获胜。这就是著名的"田忌赛马"。

相传孙膑是孙武的后代，历史上也曾有人提出孙武和孙膑可能是一人。1972年山东临沂银雀山汉墓中同时出土了《孙子兵法》和《孙膑兵法》，确认孙武、孙膑各有其人。孙膑的军事思想汇集在《孙膑兵法》中，他继承总结了前人的军事思想，并有创新之处。孙膑因战绩和军事巨著被后人尊称为"计圣"，位列兵家四圣之一。

（二）齐鲁传经，蔚为大观

儒学发展至汉代，以传承经学为主。齐鲁之地的儒生"讲诵习礼乐，弦歌之音不绝"，以董仲舒、郑玄为代表的儒门大家，将儒学发展到新的高度。

1. "罢黜百家，独尊儒术"的董仲舒

董仲舒（前179—前104），广川（今河北省景县）人。他本为赵人，但负笈求学于齐，师从公羊寿学习《公羊春秋》。《公羊春秋》属于齐学系统，因此董仲舒实为齐学传人。

董仲舒主张官府办学，培养有用人才。西汉设立负责办学的官职，以及建立各州郡举荐人才的制度，都是由董仲舒建议的。他对中国教育制度的建立和发展、中华文化的传承，做出了不可磨灭的贡献。

董仲舒是汉代儒学的大师。他以《公羊春秋》为依据，以阴阳、五行学说为基本思想框架，吸收法家、道家、阴阳家思想，以仁义观为主体，创建了一个以儒学为核心的新的思想体系，成为汉代的官方统治哲学。他的新儒学体系，是在齐鲁文化的滋养下形成的。汉武帝接受董仲舒的建议，"罢黜百家，独尊儒术"，这是儒家学术在大一统形势下发展的必然趋势，也是齐鲁文化"重心"地位的结晶。

董仲舒像

2. "括囊大典，网罗众家"的郑玄

郑玄（127—200），字康成，北海郡高密县（今山东省高密市）人。他曾入太学学习《京氏易》《公羊春秋》及《三统历》《九章算术》等，又从古文经学派的张恭祖学习《古文尚书》《周礼》和《左传》等，最后从马融学古文经。郑玄游学归故里后，追随他的弟子有上千人。

从郑玄的求学经历来看，他转益多师，不囿于学派之别，这为他会通今古文奠定了基础。郑玄注经，不仅广罗异本，考订讹误，而且致力于考镜源流，叙次篇目。他编辑、注释"三礼"，"三礼"最初由马融、卢植提出，经郑玄作注后才正式确定。他为《毛诗》作笺，《毛诗笺》是《诗经》研究中的第一个里程碑。

郑玄遍注群经，"括囊大典，网罗众家"，在训诂、校雠、考据等领域建树卓著。他打破今、古文经学的界限，不受门户之见，结束了西汉以来古文经学、今文经学的纷争，使经学进入了一个"小统一时代"。他为汉代经学做出了杰出贡献，是汉代经学的集大成者。

第三节　文学巨匠与艺术名家

齐鲁风情，山水相映。当风雅之韵与齐鲁山水相碰撞，齐鲁大地上便会织就出一幅幅生动灵秀的文化图景。

（一）文学巨匠，彬彬盛矣

以李清照、辛弃疾等人为代表的山东本土文学家，以范仲淹、苏轼等为代表的客居宦游山东的名家，在齐鲁文化的滋养下，创作了许多广为流传的佳作。

1.海岱惟青州：山东本地的著名文学家

齐鲁大地孕育了无数文人，为他们提供创作的肥沃土壤。生于斯、长于斯的文学巨匠们，同样用自己飘逸精妙的笔墨，为这片土地增色添彩。

鲁迅曾盛赞《文心雕龙》，将其与亚里士多德的《诗学》相提并论。这一部"体大而虑周"的不朽之作，出自刘勰之手。刘勰字彦和，祖籍东莞郡莒县（今山东日照莒县），南朝梁文学理论家。他少时家贫，笃志好学，依靠名僧僧祐，学习儒家学说和佛家理论，撰写出《文心雕龙》，对先秦以来的文论进行总结阐发。这部文学评论著作的问世，对中国文学的发展产生了深远影响。

历史的车轮行至两宋，山东地区出现了光耀词史的两位词人，分别是号易安居士的李清照与字幼安的辛弃疾，他们被世人并称"二安"。李清照（1084—1155）为章丘人，少年时随父亲李格非生活于汴京，后与赵挺之之子赵明诚成婚。后来金兵入侵中原，她流寓南方，境遇凄苦。她的词作冠绝一时，被称为"易安体"，她也被推为"千古第一才女"、婉约派的正宗，风神气格令人神往。辛弃疾（1140—1207），字幼安，号稼轩居士，历城人。南宋政权偏安江南，不思收复中原，统治黑暗，辛弃疾内心充满炽热的爱国情怀，但终壮志难酬，一腔热血付诸流水，同时造就了他豪放的词风，辛弃疾也成为豪放派词人的代表。

"兴，百姓苦，亡，百姓苦。"心怀天下的张养浩（1269—1329）是地道的济南人，他字希孟，善诗文，尤其以散曲创作见长。一首《山坡羊·潼关怀古》，在抚今追昔之外，生振聋发聩之音。清代时，孔尚任与洪昇并称"南洪北孔"，为当时文坛大家。孔尚任（1648—1718），字聘之、季重，号东塘，山东曲阜人，孔子第六十四代孙。他创作的传奇剧本《桃花扇》，描写一世人的悲欢离合，一双人的生离死别，揭示一代兴亡，在明清传奇中占有举足轻重的地位。王士禛作为清代著名诗人，与朱彝尊并称"南朱北王"。王士禛（1634—1711）是山东新城（今山东桓台）人，他出身于书香门第，早有诗名，在诗歌理论上提倡神韵说，标举盛唐，他的诗歌审美影响了清代诗坛。王士禛主盟诗坛五十余年，推动了清代山东文学的发展。在小说领域中，蒲松龄与他的《聊斋志异》是不可绕开的高峰。蒲松龄（1640—1715），字留仙，山东淄川人。《聊斋志异》作为一部文言短篇小说集，登上了中国文言小说创作的顶峰，蒲松龄也被称为"短篇小说之王"。

2.我家寄齐鲁：宦游和客居山东的文学名家

齐鲁地区文教兴隆，历史底蕴深厚，引无数文人墨客心生向往。此心安处是吾乡，宦游及客居山东的文学名家不计其数，留下了众多名篇。

唐代文坛最耀眼的两位诗人无疑是李白与杜甫。二人同游齐鲁，双星联璧，结下了深厚的友谊，成为文学史上的一段佳话。早在二人相识之前，李白和杜甫就分别到过齐鲁大地。李白曾有东鲁之行，与裴政、孔巢父等人相交游，号称"竹溪六逸"。天宝三载（744），李白在东都洛阳结识杜甫，次年二人相聚济南，寻访隐士，游山玩水。杜甫与北海太守李邕交往，写下了"海右此亭古，济南名士多"的名句。齐鲁大地的湖光山色见证了李白与杜甫二人的深厚情谊。宋代时，许多文学家曾宦游山东，最著名的有范仲淹、苏轼和曾巩。范仲淹（989—1052），字希文，他早年丧父，其母改嫁山东淄州长山县（今山东邹平）人朱文翰，范仲淹随之来到山东。范仲淹在青州知州任上，受到百姓爱戴，留下了范公亭、范公泉等遗迹。

范仲淹像

苏轼（1037—1101），字子瞻，四川眉山人。苏轼一生两次任职山东，熙宁七年（1074），苏轼调任密州（今山东诸城）知州，称密州为山东第二州，并修葺超然台。元丰八年（1085），苏轼任登州（今山东蓬莱）知州，留下了许多精彩诗篇。离开登州后，途经济南，苏轼为长清真相院僧人写了《齐州长清县真相院释迦舍利塔铭》。这些经历，足见苏轼与齐鲁大地的深厚渊源。曾巩字子固，北宋熙宁四年（1071），任齐州（今山东济南）知州。他修建齐州北水门，疏浚大明湖。后人在千佛山建曾公祠，在大明湖畔建南丰祠，来纪念曾巩为济南所做的巨大贡献。

金末元初，济南迎来了一位大人物——元好问。元好问（1190—1257），字裕之，号遗山，太原秀容（今山西忻州）人，被誉为"北方文雄"。他客居山东六年，游览大明湖、千佛山、华不注山等名迹，满怀对济南的热爱，自称"有心长作济南人"。清代顾炎武在山东生活长达二十一年，留下了丰富的文化印记。顾炎武（1613—1682），字宁人，号亭林，江苏昆山人。顾炎武与山东文人王士禛、徐夜、张尔岐等交游，进行诗文唱和。在山东期间，他著有《山东考古录》《山东肇域记》，参与《邹平县志》《德州志》《山东通志》等地方史志修撰工作，投身齐鲁文化事业。

（二）艺苑菁英，灿若星河

一毫漫卷千秋韵，齐鲁大地万古情。山东艺苑菁英辈出，灿若星河。王羲之飘逸的书风、张择端细腻的笔触……书画名家的翰墨丹青使水墨山东不断滋生、壮大。

1."书圣"王羲之

王羲之像

山东书法历经先秦、秦汉时期的萌芽与发展，魏晋南北朝、唐朝的繁荣和鼎盛，再到宋代转折衰落，最后至清代振兴。山东书法的演变发展进程中，诞生了诸多名家，其中王羲之的书法独步书坛千余年，对后世书苑产生了重大影响。

王羲之字逸少，世称王右军，琅琊（今山东临沂）人。王羲之出身东晋时期显赫的政治家族琅琊王氏。王氏家族人人皆善书法，其中以王羲之、王献之父子成就最高，并称"二王"。王羲之七岁时从姨母卫夫人学书，十二岁时由父亲王旷传授《笔论》要义。二十岁时名声远播，二十三岁入仕，任秘书郎。后任会稽太守、右军将军，人称"王右军"。晋永和九年（353），时任会稽内史的王羲之与友人在会稽山阴的兰亭修禊，以文会友。王羲之将诗赋汇辑成集，挥毫落纸成《兰亭集序》，走笔行云流水，似有天机入神。

王羲之的楷书师学钟繇，又能改古法，创新体。他的行书以妍美通达为特色，《兰亭集序》被誉为"天下第一行书"，《快雪时晴帖》被乾隆列为"三希堂"法帖之首。他的草书学习东汉张芝，一气呵成，《十七帖》《平安帖》都是他的代表作。王羲之被誉为"书圣"，他的书法作品是世界艺术宝库中不可多得的瑰宝。

2."北方书圣"郑道昭

郑道昭字僖伯，荥阳开封（今河南开封）人，其所在的荥阳郑氏家族是北魏时期四大名门望族之一。郑道昭在山东先后任职光州刺史、青州刺史，任职六年，颇有政绩。

史籍中关于郑道昭擅长书法的记载寥寥无几。郑道昭在书法史上的显名，来自他主持镌刻云峰刻石及清代对云峰刻石价值的品评与重视。云峰刻石与龙门造像题记、邹城四山摩崖刻石并称"北魏书法艺术三大宝库"。其中，作为云峰刻石代表的《郑文公碑》分上、下碑，是为郑道昭之父郑羲所立，下碑是郑道昭亲自修撰碑文，并直接策划组织了书写、镌刻活动。

区别于"二王"新体的精巧妍美，郑道昭的书法篆隶余绪甚浓。碑学的兴起，使书坛开始注意并重视郑道昭的书法，"北方书圣"一名也蜚声海内外。

3.忠臣烈士颜真卿

颜真卿（709—784）祖籍琅琊（今山东省临沂市），他出身琅琊颜氏，因得罪权臣杨国忠，被贬为平原太守，世称"颜平原"。兴元元年（784），他被派遣晓谕叛将李希烈，凛然责贼，终被缢杀。他死后被追赠司徒，谥号"文忠"。

颜真卿的书法初学褚遂良，后又学习张旭。他对二王、褚遂良等书法都有过深入研究，彻底摆脱了初唐的风范，创造了新的书风。颜真卿的书体被称为"颜体"，与柳公权并称"颜柳"，有"颜筋柳骨"之誉。他的代表作有《颜勤礼碑》《颜家庙碑》《多宝塔感应碑》等。他的行书《祭侄文稿》被书家称为"天下第二行书"，仅次于王羲之的《兰亭集序》。

如果将王羲之看作书法史上的第一高峰，那么后世能和王羲之在影响力上齐名的书法家就是颜真卿。颜真卿成就之高，一方面是他在书法上取得的造诣，令后人难以望其项背；另一方面则是颜真卿一生精忠报国，宁死不屈的精神受到历代书法家的尊重。颜真卿大气磅礴的书法风格，是他人品和书品完美结合的产物。

4.张择端与《清明上河图》

一朝步入画卷，一日梦回千年。北宋画家张择端用细腻的画笔，勾勒

《鹊华秋色图》局部

出鲜活生动的北宋社会日常图景，留下了传世名作《清明上河图》。

张择端（1085—1145）出生在山东诸城，自幼喜爱绘画，长大后游学京师，进入皇家翰林图画院。他的作品大都失传，只有《清明上河图》《金明池争标图》存世 。

现藏于故宫博物院的《清明上河图》，用现实主义手法，全景式构图，生动细致地描绘了北宋都城汴梁的舟船往复、飞虹卧波、店铺林立、游人摩肩接踵的繁华景象，展现了丰富的社会生活习俗风情。这幅画仿佛是了解北宋社会的显微镜，使人可以一窥北宋都城开封的城市面貌和当时各阶层人民的生活，感受北宋社会生活的烟火与温度。

5.赵孟頫与《鹊华秋色图》

赵孟頫（1254—1322），字子昂，号松雪道人，浙江湖州人，宋太祖赵匡胤十一世孙。元至元二十九年（1292），赵孟頫被任命为同知济南路总管

府事。他携妻子管道昇到济南任所，开始了将近三年的宦居生活。

《鹊华秋色图》创作于元贞二年（1296），描绘的是济南东北华不注山和鹊山一带秋景，画境清旷恬淡。这幅画是赵孟頫送给好友周密的画作，现藏于台北故宫博物院。文学家周密祖籍济南，自曾祖父随宋高宗南渡客居吴兴后，他从未回过故乡，听赵孟頫时常赞美济南的优美风光，思乡之情顿起。赵孟頫被周密深深的家乡情结所打动，便作此画赠予周密，以使友人可以在江南烟雨中遥想千里之外未曾谋面的故乡。

《鹊华秋色图》一经问世，广受文人墨客的追捧赞赏。明清两代，许多文人墨客来济南游赏，都以秋日攀登鹊、华两山为幸事。清代乾隆皇帝亲自于《鹊华秋色图》上题写"鹊华秋色"于引首，题跋九则。

结语　山东圣贤名哲的精神内涵及其当代价值

习近平总书记多次、反复强调要对中华优秀传统文化进行"创造性转化、创新性发展"。几千年形成的中华优秀传统文化通过持续创造性转化、创新性发展，正在齐鲁大地落地生根，焕发出勃勃生机。以圣贤文化为重要内容的中华优秀传统文化与中华民族伟大复兴的中国梦高度契合，这也同样要求我们成为中华圣贤文化的坚定继承者与传扬者。

（一）器以载道，日新其德

历史长河浩浩汤汤，山东圣贤名哲仿若一尊尊矗立在长河中的丰碑，耀而不灼。器以载道，人以传文。文化自信是一个国家、一个民族发展中最基本、最深沉、最持久的力量。孔子、孟子、墨子等古代圣贤，是齐鲁文化的杰出代表人物，也是中华文化的人文精神标杆。以李清照、辛弃疾、蒲松龄、孔尚任等为代表的山东文学名家，将诗文写在齐鲁大地上，使齐风鲁韵飘荡在悠悠千古、广阔天地之间。

触摸历史，对话先贤。汉无伏生，则《尚书》不传；有《尚书》而无伏生，人不能晓其义。孙武是春秋时期著名的军事家，他的兵法思想最核心的是慎战、不战，将战争之剑化为和平之犁。贾思勰耗费心血写就《齐民要术》，为家国天下和黎民百姓写一部实用之书。山东圣贤名哲文化，不只是齐鲁儿女的宝贵财富，更是溶于每一个中国人的血脉之中。

数千年的齐鲁文化特别是儒家的思想、道德、伦理观念与价值导向，已经深深渗透到人民群众的文化心理中，印刻到人民群众的灵魂上。忧国忧民意识、人本精神、"天行健，君子以自强不息"的奋斗精神等，是山东圣贤名哲的精神内涵。"周虽旧邦，其命维新"，先哲理念历久弥新。"己所不欲，勿施于人"的伦理准则，"和而不同""协和万邦"的处世观念，"三省吾身"的修身之道，"富贵不能淫，贫贱不能移，威武不能屈"的人格追求等，在当今依旧体现着齐鲁文化的"精气神"，具有鲜明的时代价值。

（二）文以化人，润物无声

一道具有齐鲁大地特色、体现中华民族灿烂文明的"文化盛宴"，离不开历代山东圣贤名哲的努力。文化的力量，深深地熔铸在民族的生命力、凝聚力和创造力中。弘扬优秀的中华民族传统文化，学习古圣先贤创造和积累的知识和智慧尤为重要。从圣贤文化中寻找文化资源，弘扬中华民族的大智慧，可以应对时代形势的复杂多变。为此，我们要推动圣贤文化服务现实，实现创造性转化、创新性发展，打造文化"两创"新标杆。

山东依托独有的圣贤文化遗产及儒家文化内涵，始终坚持扛牢文化大省的担当，履行好历史赋予的文化使命。山东省致力于"美德山东"建设，圣贤文化作为山东省优秀传统文化"两创"的重要内容，也应大力发扬，跟紧宣传脚步。以圣贤故里为研学基地，弘扬圣贤文化、传承圣贤精神、讲好圣贤故事，尤其是将圣贤文化中蕴含的精神文化内涵，融入青少年"立志"教育中，使青少年树立远大人生志向，做民族伟大复兴的担当者、新时代的建设者和接班人。将齐鲁圣贤同山东风物结合起来，发挥地方特色的资源优势。如"孔子+泰山"的设计理念，利用"名人效应"，连通泰安与曲阜之间的旅游资源，使人更深刻地理解"孔子圣中之泰山，泰山岳中之孔子"。

积极开展以圣贤文化为核心的多元化社会教育活动，通过社教活动服务观众、服务教育、服务社会，积极完善课程体系。打造圣贤文化体验廊道，全力构建全省文化"两创"和文旅融合高质量发展新格局。推出大型礼乐演出，以圣贤名哲的典型事迹为主题，通过强烈的声光电效果与精彩纷呈的表演相结合，让群众置身其中，感受沉浸式文化体验。在新时代的语境中阐释齐鲁文化，让传统文化"活"起来，将齐鲁圣贤元素同非遗文化等形式结合起来，在这片饱含文化"两创"活力的齐鲁大地上，深耕人文沃土，不断创新手法和形式，向文化"活水"中注入新的元素。将圣贤文化融入学校教育，探索实践中华优秀传统文化进校园的形式，开设《论语》《孟子》等经典诵读课程，分享读书心得。圣贤文化点缀校园的各个角落，使越来越多的孩子在校园里感受越发浓厚的圣贤文化。

踏圣贤足迹，与名哲对话，寻齐鲁文脉。利用现代传播方式宣传以儒家文化为代表的齐鲁文化，礼敬圣贤名哲，传承圣贤文化。潜心研究齐鲁古代圣贤名哲及典籍保护利用，深入挖掘齐鲁圣贤的历史意义及当代价值。保护和研究是为了更好地传承，精准找到现代人与古人之间的共振点，实现齐鲁文化的创造性转化和创新性发展。新时代山东深耕人文沃土，立足文化名人优势，使圣贤文化成为推动文化"两创"的标杆，使齐鲁文化和中华优秀传统文化在新时代进发强劲发展的势能。

第三章

学术思想根深叶茂

　　山东是儒家、墨家、兵家等思想的发源地，其中，儒家思想对中华文明乃至世界文明的发展产生的影响尤为深远，其创始人孔子更成为中华民族最鲜明的精神象征之一。战国时期，稷下学宫在齐国创办，儒家、道家、法家、名家、阴阳家等汇聚齐鲁，自由争鸣、相互辩驳、彼此影响，形成了中华文明的黄金发展时期。学术思想的繁荣也推动了科技的蓬勃发展，山东先贤在农学、医学、建筑、水利、冶金等领域都取得了非凡的成就，《墨经》《齐民要术》《考工记》等著作，都昭示当时中国的科技成就处于世界的领先地位。

第一节　儒家思想的形成与发展

　　春秋末期，孔子在齐鲁大地创立了儒家学派。孔子生活于春秋末期，当时礼崩乐坏，典章制度被废弃，社会失范，因而他提出"仁学"以拯救"礼制"。生活在战国中期的孟子，发挥了孔子以"仁"为中心的内圣之学。到战国晚期，社会变革加剧，荀子又对孔子的"礼"作了转化创新，使"礼"向"法"的方面转化，进而培养出李斯、韩非子两位法家代表人物。儒家思想的形成和发展与当时的社会状态与变革密不可分。儒学思想形成之后，在中华大地传播、传承，延绵不绝，一直到西汉时期，汉武帝"罢黜百家，独尊儒术"，儒家思想成为后世王朝的正统思想，并且因循时代变化，不断调整自身理论，出现了两汉经学、宋明理学、清代朴学等多种理论形态，展现出儒学的旺盛生命力。孔子创立的儒家学说以及在此基础上发展起来的儒家思想，是中国传统文化的重要组成部分，对中华文明产生了深刻影响，同时也影响了整个东亚文明，对世界文明的进步也做出了重要贡献。儒家思想中的天下为公、世界大同，自强不息、厚德载物，革故鼎新、与时俱进等思想反映了中华民族的精神追求，是中华民族生生不息、发展壮大的重要滋养。

（一）周礼尽在鲁矣

　　鲁襄公二十九年（前544），吴国公子季札来鲁国访问，访问期间，他向鲁国提出请求，希望能够观赏鲁国所保存的周室舞乐，于是，鲁国乐工为他演奏了《诗》的《风》《雅》《颂》各篇，同时鲁国还表演了《象箾》《南籥》《大武》《韶濩》《大夏》《韶箾》等舞蹈。季札是当时有名的贤人君子，对周朝礼乐十分熟悉，有极高的艺术鉴赏水平。他在看了鲁国所演示的礼乐之后，对每一首音乐、每一段舞蹈都做了精彩的分析和评论，对鲁国保留的周室礼乐大为赞赏，听完之后连连赞叹："太完美了！"

这种周室礼乐，季札只在鲁国看到过。要知道，季札可是个经常出使各国的外交家，见多识广，除了鲁国，他还去过齐国、卫国、郑国、晋国等国家，这些国家或许在国力上超过鲁国，但在保存周室礼乐上却都不及鲁国。这正是鲁国的特别之处。

四年后，晋国的大臣韩宣子也来鲁国访问，去了鲁国的官方藏书处，在那里看到了重要的典籍《易象》和《鲁春秋》，韩宣子不由得感叹："周礼尽在鲁矣！"

季札观乐

奉行周礼对于鲁国的长期存续起到了重要作用。鲁闵公时期，国家内乱不止，齐桓公想趁机夺取鲁国，有大臣就进谏说："鲁国还在依据周礼行事，不能轻易侵犯。"这充分说明周礼的施行在一定程度上有效维护了鲁国的安全。

这三个故事都体现出鲁国在礼乐文化的保存和施行方面，相比其他诸侯国有独特优势。当然，之所以会这样，与鲁国始封诸侯周公有很大关系。周公是整个周朝礼乐制度的奠基者，因此鲁国初封时，周王室对鲁国公室的封赐十分厚重，有代表王室的旗、车，有身怀专业知识的祝、宗、卜、史，有服用器物、典章文策、宗庙彝器等，还有可以郊祭文王、享有天子礼乐的文化特权。鲁国对礼乐文化极为珍视，在春秋时期周室衰微、礼崩乐坏的情势下，鲁国成为保存周礼文化最完备的文化中心。

孔子出生在鲁国，最敬仰周公，赞赏周公制礼作乐的伟业。正是鲁国的礼乐文化，成为孔子儒学思想的直接来源。

（二）天不生仲尼，万古如长夜

"天不生仲尼，万古如长夜"，语出《朱子语类》，反映出孔子在中华民族文化史中独一无二的地位。孔子一生以传承文化为己业，上继夏商周数千年之文化，下开其后数千年之文化，使得中国文化一脉相连，传承不绝。孔子从而成为中华民族最具代表性的文化人物，他的文化思想在相当长的时期内都是中国人修身、齐家、治国、平天下的圭臬。

孔子最突出的文化贡献之一就是整理"六经"，他论次

孔子像

《诗》《书》，修订礼、乐，赞《周易》，作《春秋》，建构了以经典为中心的文化传授系统。通过"六经"的整理和学习，他和弟子们构成了最早的儒者群体，形成了儒家学派。孔子逝后，他的弟子和再传弟子收集孔子言论，编成《论语》，此书成为研究孔子思想的重要资料。

孔子思想博大精深，我们从不同层面对孔子思想阐述如下。

首先是孔子关于"仁"的思想。孔子把"仁"分成了几个不同层次。"仁"的基础含义是爱亲，最基本和首先的体现就是"爱其父母"，也就是我们常说的"孝"，进而这种爱人之情逐步推扩出去，最后达到博爱、泛爱。

如何具体地实践"仁"呢？孔子说"仁者爱人"，要讲求"忠恕之道"，即"己所不欲，勿施于人"，自己不喜欢的，也不要强加给别人；"己欲达而达人，己欲立而立人"，自己要有所成就，而且要使别人有所成就，自己要显达，也要使别人显达。要始终考虑别人、考虑他人，从他人的处境和需要考虑问题，这是"恕道"。"忠道"则是更为积极的假定，以自己的理解为中心，希望通过自己的努力达到自己的理想，同时也帮助他人去实现这种理想。

孔子的"仁"是对周代礼乐文化精神实质的一种概括，它的外在表现形式就是"礼"。仁需要内在的自觉，而礼更多体现为外在的约束。仁与礼是相辅相成的关系。孔子一方面守护作为文明精粹、生活方式的礼乐文化，另一方面通过把仁所代表的道德意识引入外在约束的礼制之中，重建了合理的政治秩序和政治伦理。孔子说"克己复礼为仁"，也说过恭敬而不合礼，就会烦扰不安；谨慎而不合礼，就会畏缩拘谨；勇猛而不合礼，就会违法作乱；直率而不合礼，就会刻薄伤人。遵循礼的规定，是实践"仁"的精神的行动指南。同时，礼还是一种国家治理的手段，它涉及政治社会生活的方方面面，精神秩序、政治秩序、天地秩序的证成，没有礼是不可能实现的，所以中国古人就说"道德仁义，非礼不成；教训正俗，非礼不备；分争辨讼，非礼不决；君臣、上下、父子、兄弟，非礼不定；

宦学事师，非礼不亲；班朝治军，莅官行法，非礼威严不行；祷祠祭祀，供给鬼神，非礼不诚不庄"。

孔子希望通过"仁"的精神的自觉和"礼"的制度的建设，实现有序和平的社会理想，即"小康"社会。但"小康"社会之外，孔子有着更加伟大的社会理想——"大同"。在大同社会，老年人得到很好的赡养，壮年人也有适合自己的用武之地，幼儿得到精心的抚养照顾，鳏寡孤独者、身体残疾之人都能得到供养而不会流离失所，男子有正当职业，女人有很好的婚姻。总之，每个人都各得其所，都能找到适合自己的人生坐标，实现自己的人生目标。孔子曾和自己的弟子谈论理想，他特别赞同曾皙的志向，就是暮春时节，穿上舒适的衣服，成人五六人，少年六七人，到沂河畅游，然后唱歌跳舞，悠哉游哉，极尽欢愉，最后快快活活唱着歌回家去。在《论语》中，这个志向用非常美好的语言表达出来，显得那么普通，但又是一片太平祥和气象。这正是孔子毕生奉献于政治、学术事业所追求的目标。

（三）孟子和荀子对儒学的发展

孔子一生收徒三千，其中贤者七十二，他们接受孔子教育后，前往各个诸侯国传播孔子思想，同时也从多个层面发展孔子的思想，并继续孔子的教育事业，传承发展儒学。其中，孔门后学孟子和荀子分别从"仁"和"礼"的角度发展了儒学。

孟子是战国时期邹国（今山东邹城）人（另一说为鲁国邹人），据史书记载，他受业于孔子的孙子子思的门人。

孟子明确提出了"性善论"。人性问题是中国思想史上一个重要论题，孔子曾经说："性相近也，习相远也。"肯定了人性的相近性，但没有明确地论定性善性恶问题。其后又有学者提出"性无善无不善""性可以为善，可以为不善""有性善，有性不善"等各种观点，但孟子肯

孟子像

定人性为善，他认为人性向善就像水向下流一样自然。他将对性善的论证拉入一个情境之中：当突然看到一个孩子不小心掉入井内，那一刻就会产生一种"怵惕恻隐之心"，也叫"不忍人之心"。这种"不忍人之心"就是人性向善的证明。"不忍人之心"有四种分类：恻隐之心、羞恶之心、辞让之心、是非之心。这四心分别是仁、义、礼、智之端，这四端人皆有之，就像人都有四肢一般。四心四端就是人为善的心性根据。要对这四端加以扩充，加以修身之功，才会保证性善落到实处。

因此，孟子十分重视修身功夫，他提出要"存心""求其放心""不失赤子之心""尽其心"，还提出要"持其志，无暴其气""养浩然之气"，通过道德修为的不断积累形成浩然正气。

孟子的"不忍人之心"反映到政治思想上就是"不忍人之政"，也就是"仁政"。孟子每次见到一个君主，总是不厌其烦地对君主讲述他的仁政主张。孟子的仁政思想主张首先要保证人民的物质生活，要"制民之产"，让人民有稳定的产业，能够赡养父母妻子。同时，政府为了配合人民的正常生产生活，也要注意取民以时，不能对人民征收过重的赋税。做到这些后，下一步就要关注人民道德生活、精神生活的满足，这就需要施以人伦之道的教化，教会人民侍奉父母、尊敬兄长，做到父子有亲、君臣有义、夫妇有别、长幼有序、朋友有信。"仁政"是孟子民本主义思想的体现，体现出孟子关心民众疾苦的情怀。因此，在君主私人利益与大众利益之间，他毫不犹豫地站在人民这边，"民为贵，社稷次之，君为轻"，诸侯可以改立，社稷之神可以改换，而民不可能变置，只有获得民众的拥护，才能领导全天下的人民。

荀子是战国晚期赵国（今山西安泽）人，但他在齐国都城临淄生活的时间最长，他从年少时就游学于齐国稷下，成年后又三次担任齐国稷下学宫的"祭酒"，后来又去楚国担任兰陵（今山东兰陵）令，并终老于此。

荀子自认是孔子的继承人，他特别传承了孔子在礼制方面的思想，而且他博采众长，批判性地总结吸收诸子百家理论主张，形成了具有现实性关照的理论系统。

荀子的思想都是围绕着礼义规范或礼法等级制度展开的。他从人性论的角度论证礼义存在的必要性。他认为人性是天生自然具有的东西，人性可以分为三个方面，第一是生理欲望和好利之性，第二是人的感知能力，第三是人格的可塑性。荀子在论述中往往更为强调第一种。这三种人性中并没有礼义，也没有善，善并不像人天生耳聪目明那样与生俱来，所以他反对性善论。

荀子认为如果任由人的天然欲望行事，人欲永远不会满足。人有食欲，并不是仅仅吃饱而已，而是希望有更好的可以吃；人要穿衣服，

荀子像

并不是只要蔽体就行，而是希望最好有纹绣。但如果人们都不知道节制欲望，就会相互争斗，因为物质资源不是无限的，为了实现自己的欲望，对资源的争夺不可避免，冲突混乱随之产生。为了防止这种混乱，就需要制定礼义规范和各种制度，约束人的性情，使得个人的性情能够合乎社会正义。每个人也应该有此道德自觉去遵守礼义规范。荀子将这种对礼义的遵守称为"积伪"。通过社会教化，使得社会的礼法规范逐步内化于人，人也产生了追求礼义的自觉，这就是"化性起伪"的过程。

荀子所理解的礼至少有四种含义：礼是一种等级制度，是关于政治、宗法、财富分配的系列等级制，通过礼制，贵贱、长幼、贫富都能得到恰如其分的对待；礼是一种社会道德规范，礼是调节社会关系的准则，见到长者知道敬爱，见到老者知道孝顺，见到身份贵重的人知道尊重，见到小孩子知道慈爱，见到卑贱之人知道施以恩惠，这都是礼的要求；礼是一种礼仪的制度规范，穿什么样的衣服，住什么样的房子，丧祭用什么样的器物，都应该遵循礼仪的规定，根据身份有所差别；礼还是赏罚任免的体系，荀子吸收了法家在行政赏罚方面的主张，把欲望的满足程度和人的社会表现相结合，按成绩进行赏罚。荀子的"礼"中已经包含有某种"法"的思想，具有调和礼、法的倾向。他认为礼义的教化并不是万能的，总有不能教化之人，这就需要加之以刑罚。不过荀子仍然继承儒家的基本价值，认为刑罚只是对礼义教化的补充，在价值上并不能与礼义相提并论。在荀子的心目中，政治的理想依然是德治、礼治，而非法治。

荀子也同样重视民众，认为上天生民，不是为了满足君主私欲，而上天立君，却是要为了更好的治理，为了民众有更为和平舒适的生活。他还说"从道不从君"，反映出儒家坚持真理的立场。

（四）汉代齐鲁经师对儒学的传承

西汉统一后，儒学的传承工作大部分是通过经典传习进行的，这些经典包括"六经"，还有《孝经》《论语》等。齐鲁经师在其中起到的作用独一无二、不可取代。西汉经学传承主要是今文经学，今文经学分为齐学、鲁学，都是以山东地区的诸侯国命名。《史记·儒林列传》中记载西汉传承经学的经师多是齐鲁学者。如传《诗》学有鲁人申培公、齐人辕固生；传《书》学的是齐人伏生；传《礼》者是鲁人高堂生和鲁人徐生；传《易》者是齐人田何；传《公羊春秋》的是齐人胡毋生；传《穀梁春秋》的是瑕丘（今山东兖州东北）江生。还有赵人董仲舒也是《公羊春秋》传人，属于齐学，足见西汉经学传承的主体就是齐鲁之人。齐学和鲁学的学术风格有所不同：齐学恢奇驳杂，博采众说，崇尚权变，好言阴阳五行；鲁学注重礼制，笃守师法，相对保守。

西汉后期古文经学兴起，其凭据的经典同样与齐鲁之地关系密切。如《毛诗》学的开创者是鲁人毛亨，古文经学经典《左传》的作者是鲁人左丘明，另一部经典《周礼》与齐学有很大关联。

西汉经师中，成就较大的是齐学传人董仲舒，他利用《公羊春秋》建构了一个新儒学体系。其思想中较为重要的是"天人感应论"和"大一统说"。

董仲舒认为天人之间是可以相互感应的，天的意志可以通过祥瑞或灾异的形式体现出来，祥瑞与灾异主要是针对统治者的治理政绩，如果君主能够累德行善，天下归心，上天就会降以祥瑞以示褒奖；但如果君主不能施行仁政，残害人民，横征暴敛，就会上下失和，民心丧失，进而引发灾异，表示上天对君主的警示。这时候，君主就要反躬自省，改正自己的过失。董仲舒政治思想的核心是"大一统"。"大一统"要求政治上的统一，人君是国之元首，承天之意，要统一领导全国人民，统一实行政令。"大一统"在思想上表现为他所主张的"推明孔氏，抑黜百家"。

高密伯郑玄

郑玄像

东汉末年，山东出现了两位经学家何休和郑玄，分别是今文经学大师和综合今古文的经学大师。何休专研公羊学，用了十七年时间写成《春秋公羊解诂》，对公羊学的研究贡献巨大。他的思想主要体现在对《春秋公羊传》的注释中，他总结公羊学的主旨为"三科九旨"：新周，故宋，以《春秋》当新王，是一科三旨；所见异辞，所闻异辞，所传闻异辞，是二科六旨；内其国而外诸夏，内诸夏而外夷狄，是三科九旨。

郑玄学过今文经学，也跟随著名经学家马融学习过古文经学。他自己后来遍注群经，兼采今古文，成为一位综合今古文的通儒。郑玄的最大释经特色是以"礼"为宗，他认为礼是治国的根本，但经典中关于礼制的规定是复杂的，而且很多记载相互矛盾。这对经学体系作为修身治国的原则是十分不利的。郑玄于是根据《三礼》，特别是《周礼》，来调和经典中的礼制矛盾。他认为《周礼》是周公所著，是周公所以致太平的原因，因此特别看重《周礼》的致治意义。他将其他经典存在的与《周礼》相异的礼制解释为夏、殷的制度，通过合理安排不同时代的制度差异，确立了周代鉴于二代的制度发展方式，显示出以礼释经的特点。

郑玄融汇今古，是汉代经学的集大成者。郑玄之前，学派林立，异说纷纭，郑玄之后，今古文不复分别，郑学开始统一其后经学的理解分歧，结束了两汉的今古文之争，深刻影响了儒学的发展。

第二节　稷下学宫与百家争鸣

　　战国时期是中国思想史上的黄金时代，其突出表现就是"百家争鸣"。而"百家争鸣"的主阵地就是山东，具体在当时齐国的稷下。齐国稷下学宫汇集了当时数量最多、声名最显的学者群，他们相互辩难，互为启发，诞生了不少优秀的思想成果，充分地展示出战国时期思想界的活力。

（一）战国时期的文化圣地：稷下学宫

　　稷下学宫是世界上最早的官办高等学府，位于齐国都城临淄，由齐桓公所创立，此齐桓公不是春秋五霸之一的齐桓公姜小白，而是战国时期田氏代齐之后的第三任君主田午。自田午建立起始，稷下学宫历经齐

齐国故城小城西门外夯土建筑遗址，据考证为稷下学宫遗址

国六代君主，前后持续了150多年。百年间，稷下学宫汇聚了当时最著名的思想家，各个学派的主要代表人物基本都来过稷下进行教学研究。

稷下学宫历经初创、发展、繁荣、中衰、复兴与没落阶段。田午之后，齐威王即位，这是一位颇有政绩的君主，在齐威王治下，稷下学宫迅速发展、逐渐繁荣。威王之后的宣王时期，稷下学宫进入鼎盛阶段，成为闻名天下的文化教育中心和百家争鸣的中心。但齐闵王即位后，齐国遭遇了乐毅伐齐事件，学宫遭到破坏。后来闵王之子襄王在位期间，田单复国，学宫重新恢复，稷下学宫虽不能像威、宣王时期那样兴盛，但也可以称得上中兴。襄王死后，齐王建即位，学宫进入了衰落期，直到秦始皇灭齐。

当时各国争霸正酣，都致力于延揽人才、为己所用。这些国家之中，齐国对人才的招募最为成功，究其原因，第一是因为齐国本就有尊重贤人的传统；第二是齐国的人才政策非常优越且政治开明；第三是齐国稷下学宫的学术气氛非常热烈，学者可以自由讨论，并没有具体的职守负担，也不用承担言论责任；第四是齐国的一些君主能够做到虚心纳谏，人才可以畅所欲言，比较容易吸引天下贤人。

稷下学宫有固定校舍，且规模宏大，硬件条件比较好。更重要的是稷下学宫可以自由学习，学生可以自由到稷下来寻师求学，老师也可以自由在稷下招生讲学。稷下崇尚自由辩驳，学派之间、学派内部、稷下先生之间、学生之间都可以进行辩论，大家集中居住，讨论气氛十分热烈。学宫还有定期学术集会活动，称之为"期会"，在期会上，或演讲，或辩论，思想得到充分的交流。

稷下学宫在履行教育功能的同时，也为君主的治理服务，具有智库性质。学宫的学者可以为当时的统治者建言资政，提出具体的施政措施，也可以批评君主的某些具体行为，例如稷下先生淳于髡和孟子就都曾批评过齐宣王喜欢赛马养马、喜好美色的行为。

稷下学宫辩论（剧照）

当然，稷下学宫还是百家争鸣的主要场所。它的成立，极大促进了中国古代的学术思想发展，为古代学术思想的繁荣发展提供了极好条件。

（二）思想的碰撞与交融：百家争鸣在稷下

稷下学宫汇聚了当时列国的各个学派，包括法家、道家、儒家、阴阳家、名家、农家、兵家等。这其中比较知名的人物有孟子、荀子、彭蒙、田骈、环渊、慎到、邹衍、兒说、宋钘、尹文子、淳于髡等。

尽管稷下之学纷繁复杂，但仍有思想的主流存在，这个主流就是黄老之学。黄老学是在老子哲学基础上，推陈出新发展起来的道家流派。黄指的是"黄帝"，老指的是"老子"，黄老学派的作品多假借黄帝的名义流传，所以与老子合称为"黄老"。黄老学在以道家思想为主干的同时，吸收了阴阳家、名家、法家的思想，也比较重视儒家的伦理教化，具有综合性的思想特征，体现了稷下各派学术之间相互融合的特点，因此具有宏大的视野、长远的眼光，是一种非常具有操作性、现实性的政治思想。

　　黄老学讲究从天道到人道，他们注重观察天地四时的运动法则，主张社会政治和大众生活都应该按照自然法则活动；黄老学善于从养生修身角度讲到治国规则的问题。他们认为可以通过养生达到得道、体道的境界，养生要注意好静、无欲，去掉心中的成见，爱护自己的精神，不能让自己的身体精神耗费太大。因此从养生角度理解治国，就特别重视虚静，讲究虚无为本，以静制动，不违背万物和百姓的特性，因循为用，尊重万物百姓的创造性、积极性，最后达到治国的目的。

　　存世之书中，与稷下关系最紧密的就是《管子》。《管子》并非管仲自著，只是托名管仲，实际上它是稷下学宫学者的论文集。其中《心术》《内业》《白心》《枢言》《宙合》《九守》等篇章黄老色彩明显。《管子》主张道法结合，以道论法。不同于老子对于法令的批判态度，《管子》认为"法出乎权，权出乎道"，"权"就是秤锤，引申为衡量事物的标准和尺度，"法出乎权"就是法律要判断是非曲直，就要具有"权"这样无可争议的公正性、权威性，而"权"的公正性、权威性来自道，取法于天道的自然、没有偏私。法作为社会规范的可能，是被道的基本精神赋予的。

　　稷下学宫还有一派是阴阳五行学派，代表人物是邹衍。邹衍的主要理论包括"五德终始说"与"大九州说"。"五德终始说"认为人类历史的发展和五行的相生相克规律相对应，每朝每代都各有其五行之德，也各有其对应的政治设施。例如夏朝为木德，商朝就是克木的金德，周朝就是克金的火德。"大九州"说认为，中国叫赤县神州，分为九州。神州之外，其实还有与神州同样大小的八州，这八州加上中国所在的神州就是"大九州"，这才是真正的天下。

　　稷下学者还提出了其他丰富深刻的思想，他们共同造就了战国时期中国学术的繁荣和百花齐放。在稷下，学者围绕着天人关系、人性善恶、王道霸道、礼治法治等问题自由深入地探讨，涉及方方面面，其产生的历史作用和影响是巨大的，给我们留下了宝贵的精神财富。

第三节　山东古代先进的科学技术

山东人文社会思想的辉煌促进了山东科技的发展。在山东大地上，有我国古代科学的第一个里程碑《墨经》，有中国古代农业的百科全书《齐民要术》，出现了不少中医大师，包括扁鹊、仓公、王叔和等，还有天文学名著《甘石星经》，数学名著《九章算术注》，工艺著作《考工记》等。

（一）中国古代科学的重要里程碑：《墨经》

《墨经》是墨家的著作，包括今本《墨子》中的《经上》《经下》《经说上》《经说下》《大取》《小取》6篇，是墨子及其弟子们的作品，主要讨论认识论、逻辑和自然科学的问题，其内容非常丰富，涉及数学、物理学（主要为力学、光学）、逻辑学、心理学、经济学等多个领域。其中包括数学几何元素、圆、矩形、切线、平行线、几何图形的相交、重合、相接、相离关系，线段的比较方法，有穷与无穷，十进制原理和运算法则的阐释；物理学领域中的关于时间、空间、运

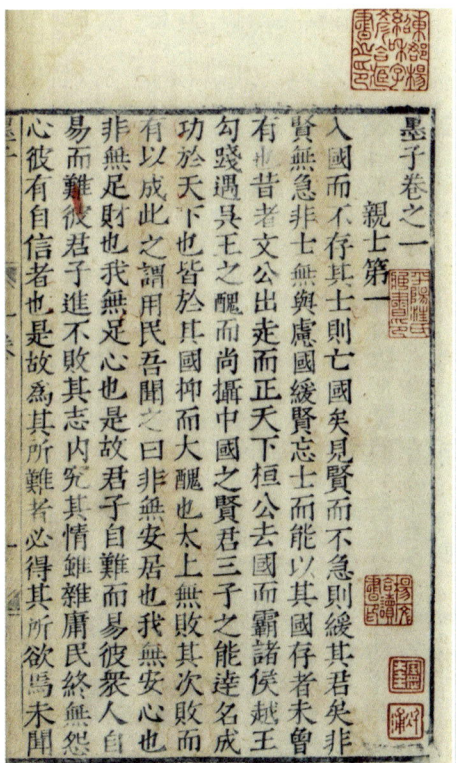

明嘉靖铜活字本《墨子》书影

动、静止及其相互关系的阐释；力学领域中关于力、滑轮受力、斜面受力、方石受力、杠杆平衡的阐释；光学领域中关于物影形成、双影形成、光的反射、物影的大小长短、平面镜成像、凹面凸面镜成像、小孔成像的阐释。《墨经》标志着我国的科技思想在先秦时期已经达到很高水平，是我国古代科学的重要里程碑。

（二）古医圣手：扁鹊、仓公与王叔和

扁鹊，真名秦越人，因医术高明，人们就以传说中黄帝时代的神医扁鹊称呼他。他是齐国卢地（今山东长清）人，对中医做出了突出贡献。首先，他发明了望、闻、问、切四诊法，尤其擅长望诊、切诊，他通过观察蔡桓公，就能准确判断蔡桓公的病情。其次他还熟练掌握了砭石、针灸、按摩、汤液、熨帖、手术、吹耳、导引等治疗方法。扁鹊是中医理论体系的奠基人之一，相传《难经》就是扁鹊写的，《汉书·艺文志》还记载扁鹊有《扁鹊内经》《扁鹊外经》，可惜已经佚失。

汉初的医学家仓公淳于意是扁鹊医学上的传承者，他是西汉时期齐国临淄（今山东淄博）人，因为曾经做过掌管租税和俸禄的太仓长，所以被称为仓公或太仓公。仓公在诊病过程中，详细记录了病人的身份、居住地、病名、脉象、症状、病因、治疗情况、治疗方法、疗效等情况，称为

济宁微山县两城镇小石祠东壁画像《扁鹊行医图》

"诊籍"，这可以说是中国医学史上最早的医案。后来的医学家经过临床实践，不断验证充实，为中医学积累了极为丰富的病案资料。

王叔和（约210—285），名熙，字叔和，西晋时期高平（今山东金乡）人。他总结相关著作、医学家关于脉学的记载，对魏晋以前的脉学成就进行了总结，并结合自己的临床诊脉经验，编撰了《脉经》一书。《脉经》的问世标志着脉学正式成为一门系统的科学。首先他确定了24种脉象的指下状态，详细阐述了各种脉象的辨别方法，使临床切脉有了判断标准。其次，《脉经》改进和发展了诊脉的部位和方法，进一步明确了寸关尺三部脉法。再次，《脉经》详细论述了人体脏腑器官的生理脉象、病理脉象与各种病症之间的关系。再次，《脉经》还总结出根据症候区分和辨别脉象的阴阳、表里、虚实、寒热的诊脉原则。最后，《脉经》还涉及望诊、问诊、闻诊的多方面内容。王叔和还整理了张仲景的《伤寒杂病论》，这是他对中国医学的另一大贡献。

（三）中国古代农业百科全书：《齐民要术》

《齐民要术》的作者是山东寿光人贾思勰，大致生活于北魏末期。贾思勰认为农业生产是生活必需的条件，也是治国安民的根本，只有劝课农桑，努力发展农业生产，才能达到富民的目的，富民才会社会安定、国家强盛。他为提高农业生产能力总结了重要经验：一是农业生产要"顺天时，量地利"，顺应自然规律。二是经营决策要遵循"多恶不如少善"的原则，就是说田地的经营规模要和一个家庭经济状况的综合实力相适应。三是要掌握农业生产技术。四是要注意发展多种农业形式，包括牧业、副业、渔业等。《齐民要术》全面论述了公元6世纪以前黄河中下游地区的农业生产状况，其内容非常丰富，堪称中国古代的农业百科全书。

（四）天文学与数学的"启明星"：《甘石星经》与《九章算术注》

甘德是战国末期齐国的司星，著有《天文星占》，后人将《天文星占》与魏国司星石申的《天文》合在一起，称作《甘石星经》。甘德、石申精密地记录了120颗恒星的赤道坐标，是世界上最古老的恒星表。甘德还对行星的会合周期进行了观测，测定了木星、火星的恒星周期，木星、水星、金星的会合周期，与现代值相差不多。甘德还发现了行星的逆行现象，发现了木星的卫星，这在天文学史上都是领先世界的发现。

刘徽是三国时期魏国淄乡（今山东邹平）人，他曾为《九章算术》作注，《九章算术》原书比较简略，仅仅记述了问题和算法法则，对为何采取如此算法缺乏必要的说明，刘徽就补充了这些不足，建立了比较完整的算数理论。刘徽的数学成就，可以总结为六个方面：一是对"比率"的概念给出了明确定义；二是在对奇零小数的处理上创造性运用了十进小数记法，这一方法在欧洲直到14世纪才由法国数学家提出；三是对正负数给出了经典定义；四是创造了割圆术，得到了圆周率3.14，被称为"徽率"；五是在体积问题上，如果两个高相等的立体，在任意等高处的截面面积的比总等于常数K，则它们的体积比也等于K，这一命题被称为刘徽原理；六是刘徽给出了方程有确切解的条件。

（五）最早的手工艺专著：《考工记》

《考工记》成书于春秋末战国初的齐国，是战国时期手工业发展的代表作，反映了当时手工业领域所达到的最高水平，是中国最早的手工艺专著。

《考工记》对当时的手工业领域作了精细的划分，分为了六种门类，包括攻木之工、攻金之工、攻皮之工、设色之工、刮摩之工、抟埴之工。六大门类下又细分了三十个工种，比如攻木之工下的轮人、舆人、弓人、庐人、匠人、车人、梓人。《考工记》对所有的手工业产品规定了统一的设计标准，同时也兼顾了产品制作的实用性，有其灵活的一面。《考工记》强调手工业制作要注意选用适宜的材料与科学地用料，材料选择要注意适宜的时间和适宜的环境，科学用料要注意各种原料间的合理配比。《考工记》还规定了对产品检验的一般程序。

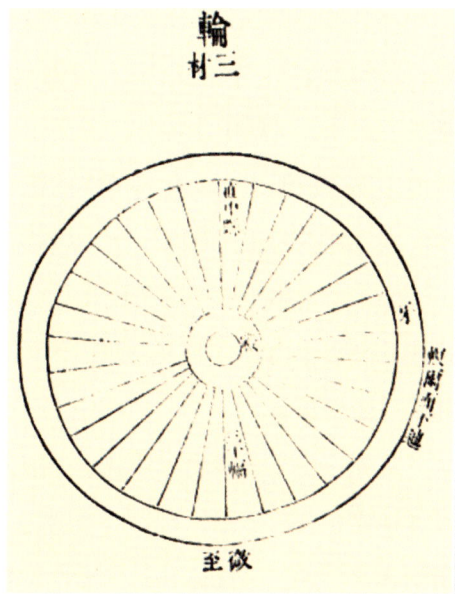

戴震《考工记图》中的轮

结语　山东学术思想的独特优势与当代价值

山东是中华文明的重要发祥地，是儒家文化的发源地，也是诸子百家思想繁荣发展的沃土，同时涌现了诸多杰出的科技成就，在中华优秀传统文化资源上优势突出。

山东文化思想集中体现了中华民族的优秀精神，奠定了中华优秀传统文化的基本特征。中华优秀传统文化包含天下为公、民为邦本、为政以德、革故鼎新、任人唯贤、天人合一、自强不息、厚德载物、讲信修睦、亲仁善邻等宝贵思想，是中国人民在长期生产生活中积累的宇宙观、天下观、社会观、道德观的重要体现，这在山东的学术思想中表现尤为突出。"大道之行，天下为公""讲信修睦"，是孔子对弟子子游所说；"民为邦本，本固邦宁""任人唯贤"出于《尚书》；"为政以德"是孔子之语；"革故鼎新""自强不息，厚德载物"出于《周易》；"亲仁善邻"出于《左传》，这些中华优秀传统文化思想，均出自齐鲁经典或为齐鲁圣人所说，充分说明山东文化所蕴含的精神品格、道德观念、家国情怀成为中华民族最基本的文化基因。

山东学术思想在中国传统文化中占有重要地位，其独特优势与当代价值体现在多个方面，且与中华文明的连续性、创新性、统一性、包容性、和平性密切相关。

首先，山东学术思想体现了中华文明的连续性。作为中华文明的重要发祥地之一，山东地区自古以来就是文化繁荣、学术昌盛之地。从孔孟之道到墨家学说，从儒家经典到法家思想，山东学术思想在中华文明的连续性中占据了举足轻重的地位。这种连续性不仅体现在学术思想的传承上，还体现在社会伦理、道德规范、教育制度等多个方面。山东学术思想所倡导的仁、义、礼、智、信等核心价值观，至今仍是中华民族精神的重要组成部分，对维护社会秩序、促进文化认同发挥着不可替代的作用。

其次，山东学术思想体现了中华文明的创新性。在漫长的历史进程中，齐鲁先贤不断推陈出新，勇于探索和创新，这种创新性不仅体现在对古代经典的重新解读和阐释上，还体现在对新思想、新观念的探索和引入、消化吸收上，为中华文明的发展注入了新的活力，形成了独具特色的齐鲁文化，对后世产生了深远影响。

再次，山东学术思想体现了中华文明的统一性。在山东地区，不同学派、不同思想之间相互交流、相互融合，形成了独具特色的学术体系。这种统一性不仅体现在学术思想的融合上，更体现在对中华民族共同体的认同和追求上。这种对民族和国家的强烈认同感，致使山东学术思想在维护国家统一、促进社会和谐方面发挥着重要作用。

再次，山东学术思想体现了中华文明的包容性。在山东地区，不同文化、不同信仰之间相互尊重、相互包容，形成了多元一体的文化格局。这种包容性不仅体现在对不同文化的接纳和尊重上，更体现在对不同思想观念的包容上。山东学术思想所倡导的"和而不同"的理念，为现代社会处理不同文化之间的关系、促进文化交流与融合提供了重要启示。

最后，山东学术思想体现了中华文明的和平性。在山东地区，学术思想的发展始终与和平、稳定的社会环境相辅相成。齐鲁先贤所倡导的仁爱、和平等理念，成为中华民族追求和平、维护稳定的重要精神支柱。这种和平性不仅体现在对内部社会的和平追求上，更体现在对外部世界的和平共处上，为现代国际关系的构建提供了重要的思想资源和价值指导。

孔孟之道至今依然深刻影响山东人民，"三孔"景区依然游人如织，孔家历经两千多年依然世系清晰，正是文明连续不绝的证明；太公封齐时"因其俗，简其礼"，齐桓公称霸时"相地而衰征"，齐威王一改旧法、重赏严罚等这些改革措施使得齐国成为战国七雄之冠，都是齐文化改革创新精神的体现；管仲"尊王攘夷"、孟子"定于一"、何休倡"大一统"都是山东学术思想中追求统一性的体现；稷下学宫，百家争鸣正是山东文化兼容并包特点的例证；"礼之用，和为贵""协和万邦"，《论语》《尚书》中的名言鲜明昭示齐鲁圣贤对于和平的祈盼。

山东的学术思想不仅在古代对中华民族的发展壮大产生了极为深远的历史影响，而且在当今时代对社会的进步也发挥着极为显著的现实作用，它承载着中华民族治国理政的丰富智慧，是推动山东经济社会进步发展的重要精神力量和宝贵文化优势。山东学术思想所表达的齐鲁文化传统道德观是今天社会主义核心价值观的重要源泉之一。在全面打造山东道德高地，倡树美德健康新生活方式中，齐鲁文化的优秀传统道德思想，在全省各地各领域得到了大力挖掘和创新运用，涌现出丰富多彩的实践经验和成功案例。这些实践活动真正让传统文化走进民众的日常生活，融入人们的衣食住行，让人们时时处处感受、体验传统文化的美好，成为日用而不觉、习焉而不察的生活方式和思维方式，展示出山东的文化思想在推动美德山东、文明山东、信用山东建设方面，可以发挥更大的作用。

第四章

古籍典藏丰富厚重

　　自先秦至近代，问世于山东或由山东人完成的著述在一万种以上，可谓源远流长，包罗宏富。这些典籍不仅凝聚了齐鲁先民的无穷智慧，而且在形塑中华民族性格和精神方面起着不可替代的作用。历经千百年的岁月积淀，山东文献典籍已形成了独特的价值与魅力：以《论语》《孟子》为代表的儒家经典，为我们打上了仁义礼智、坚毅朴素、达观进取、济世为民、处事中庸的民族底色；以《六韬》《孙子兵法》为代表的山东兵家文献，总结了丰富的战争经验，体现出高超的军事理念，影响遍及世界；浸润在"齐风""鲁颂"的遗韵中，齐鲁大地上优秀的文学家、史学家、艺术家代不乏人，创造出气势恢宏而又风格多样的华彩篇章；承接齐鲁古代学者辑佚、整理、保存文献的优良传统，二十一世纪以来，《儒典》《山东文献集成》《齐鲁文库》等新时代文献整理工程，为保存典籍、传承文脉做出了突出贡献。在古今学者的接续努力下，齐鲁大地已经开垦出一片宽广深厚的人文沃土，为推动中华优秀传统文化创造性转化、创新性发展贡献齐鲁力量。

第一节　光辉璀璨的齐鲁典籍

就传统的经、史、子、集典籍分类而言，齐鲁先贤的著述与其他地域相比毫不逊色。地位尊崇、影响深远的儒家"十三经"多半出自齐鲁经师之手；颜师古的《汉书注》、房玄龄的《晋书》、赵明诚的《金石录》等深受史家称道；《孙子兵法》《墨子》《管子》《荀子》《颜氏家训》《齐民要术》等子部著作，昭示着齐鲁先贤探索宇宙人事的最高境界；左思《三都赋》的宏阔详尽、李清照《漱玉词》的婉约缠绵、辛弃疾《稼轩词》的豪放超迈、王士禛《渔洋诗集》的雅致冲澹，代表着山东文学家的风流文采。当然，其中最具齐鲁特色的，要数以《论语》《孟子》为代表的儒家典籍、以《孙子兵法》《纪效新书》为代表的兵学著作和以《左传》《文心雕龙》《聊斋志异》为代表的文史艺术经典。

（一）圣贤著述以明道：不朽的儒家经典

在人类历史长河中，不同地域、不同民族大都产生了属于自己的文化经典，并由此酝酿出互异的民族性格、文明范式和价值取向。对于华夏文明而言，"六经"无疑是塑造民族性格的核心典籍。对"六经"文献进行整理、阐释和积极践行，首先要归功于孔子。

据《史记·孔子世家》记载，孔子自青年时代起，深感王官失守，载籍残缺，文不足征，遂立下搜集、整理文献典籍的志向。当他进入暮年，周游列国终不见用之后，这种愿望便更加迫切。因此，他从鲁哀公十年（前485）自楚返卫始，即着手进行这一工作，次年归鲁后全面展开，直至哀公十六年去世，前后历时六年。经他整理编定的《诗》《书》《礼》《乐》

《孔子圣迹图》之"退修诗书"

《易》《春秋》，后世称为"六经"，亦称"六艺"。孔子自称"吾自卫反鲁，然后乐正，《雅》《颂》各得其所"，还说自己"述而不作，信而好古"。可见"六经"并非孔子所作，孔子和六经的关系是"述"，是"正"，孔子对这些传统文献所下的功夫是编辑、整理、阐释，为原仅在贵族阶层流传的文献资料，注入了新的内容，并以"六经"教育学生，使其普及于一般平民，让受教者能在"兴于《诗》，立于《礼》，成于《乐》"的过程中提升文化水准，这是孔子对中华文化的极大贡献。六经虽非孔子所作，但经过孔子整理并用作教材后，不仅书中义理昌明，也得以普及于民间，进而发扬光大，产生广泛而深远的影响。

"六经"之外，最终被列入"十三经"的著作，还有《论语》《孟子》等书，这些产生在齐鲁大地的著作对后世影响甚大。《论语》记载孔子及其弟子言行，由孔子弟子及其再传弟子编订。此书以记言为主，故谓之"语"。"论"是论纂、论辑的意思。"论语"就是经过编纂的语录。《论语》是儒家的原始经典，全书言简义丰，深刻隽永，体现出孔子"仁"的核心思想以及教育思想、伦理思想、哲学观、鬼神观等。南宋时，《论语》《孟子》与

《礼记》中的《大学》《中庸》合称"四书"，为古代士子必读之书。

《孟子》则主要记载了孟子与时人的问答辩论。孟子晚年自齐返邹，与弟子万章、公孙丑等人一起整理研究《诗经》《尚书》等儒家经典，讲述孔子学说，同时又编著了《孟子》七篇。《孟子》最初作为诸子之书流传。之后，《孟子》地位不断升格，北宋熙宁四年（1071）改革科举，《孟子》跃入经书行列。孟子本孔子之道，倡仁政、王道之说，后人奉为"亚圣"。仁政是《孟子》一书的核心思想，性善论、道德修养论、教育学说等都是围绕着"仁政"展开的。《孟子》文体本《论语》而有所发展，多以对话阐发旨义。其书文气磅礴，逻辑严密，说理透辟，又善设譬喻，时用寓言。后人习读，往往奉为文章典范。唐、宋古文大家如韩愈、苏轼，均多得《孟子》沾溉。

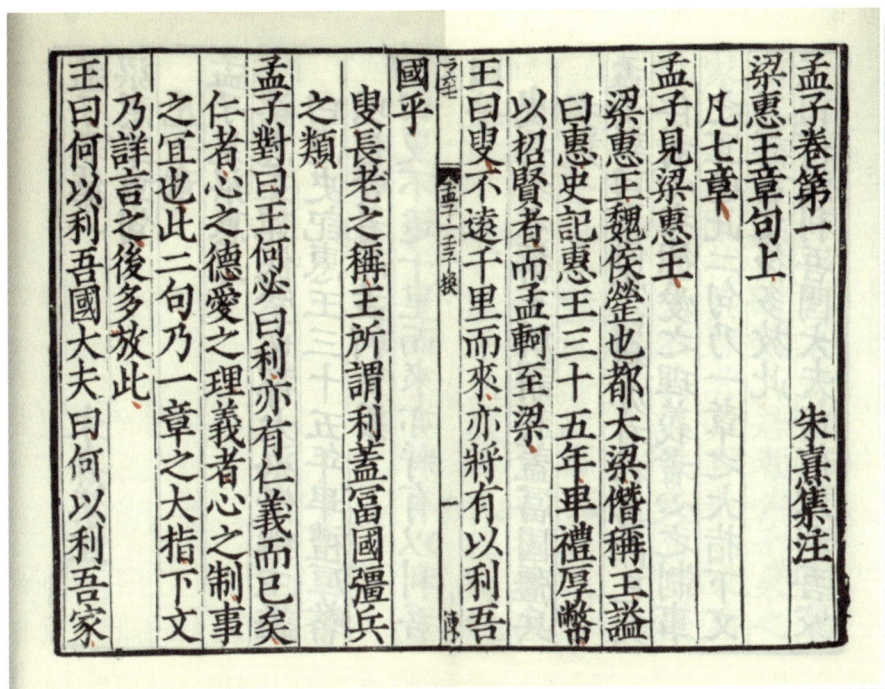

朱熹《四书章句集注·孟子集注》书影，南宋嘉定十年刻本

这些儒家经典成书之后，在漫长的岁月中，又经过历代学者、经师的不断注解、疏证、辨疑，使得儒家经典的义理更加明晰、更加普世、更加

适应时代的需求，这也是儒家经典能够历久弥新的原因所在。其中齐鲁地域的学者如辕固生、申培公、孔安国、何休、郑玄、王弼等人贡献了突出力量。

（二）齐国兵学甲天下：影响世界的齐鲁兵家文献

兵学著作不仅是战争实践经验的总结，更是战争实践经验的理论升华。先秦时期，中华大地上发生过无数次大大小小的战争，出现过不少能征善战的统帅和将军。但唯独在齐地产生了众多影响深远的兵学著作，彰显着中国古代军事思想所达到的理论高度，其原因主要在于齐鲁所独具的浓厚的思辨和著述氛围。在众多兵家文献中，《六韬》《孙子兵法》《纪效新书》等无疑是其中最优秀的作品。

姜尚的《六韬》和司马穰苴的《司马法》被后世誉为"权谋之祖"和"兵法之源"。今传《六韬》和《司马法》经过后人整理增补，已非原貌，但不可否认，其中仍蕴含着姜尚、司马穰苴的军事理念。姜尚又称吕尚、姜太公，是齐国首任国君。他曾为周文王、武王贡献奇谋，也曾参与推翻殷商和征伐东夷的历次战争，他的军事谋略集中体现在《六韬》中。《六韬》又名《太公兵法》，由"文韬""武韬""龙韬""虎韬""豹韬""犬韬"六部分组成。《六韬》是中国古代兵学的开山之作，由它开启的兵学传统深深地影响了后世齐鲁兵家。

《司马法》据传是司马穰苴所作。司马穰苴，春秋末期齐国人，原姓田，名穰苴，被齐景公封为大司马，故又称司马穰苴。《司马法》最早见于《汉书·艺文志》，称《军礼司马法》。汉朝以后该书多有散佚，《隋书·经籍志》录三卷五篇，即今本《司马法》。书中记载了从殷周到春秋战国时的一些作战原则和方法，是研究当时军事思想的重要资料。书中提出了"以战止战"的军事思想，认为战争是为了"讨不义""诛有罪"。在战略战术上，重视武器的轻重组合，"长以卫短，短以救长"，以充分发

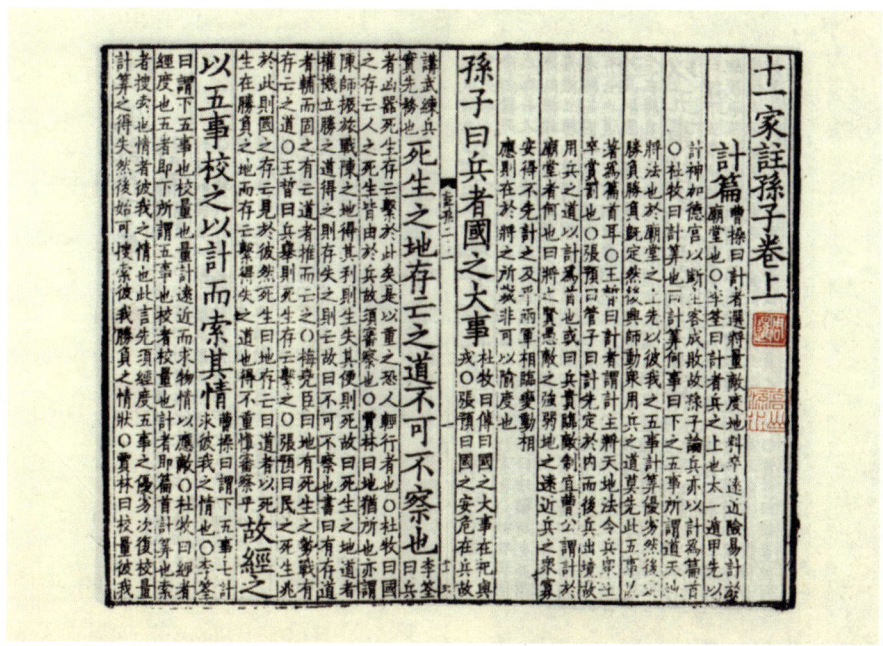

《十一家注孙子》书影，宋刻本

挥各种武器的性能，取得最好效果。宋代，《司马法》被列为"武经七书"之一，成为将校必读书。

孙武所著《孙子兵法》成书于春秋晚期，是我国乃至全世界古代最早最系统的兵书。它不仅全面系统论述了与军事有关的战略战术，而且涉及了军事与政治、经济、社会等关系的一系列问题，最后升华到哲学层面，形成了对事物发展普遍规律的认识。它发现并探索了战争中的敌我、胜负、攻守、进退、速迟、利害、虚实、奇正、治乱、勇怯、强弱、远近、劳逸、饥饱等一系列矛盾及其互相转化的现象。孙武是中国乃至全世界第一次从政治的高度全面探索战略战术规律的军事家，也是那个时代最伟大的思想家之一。尽管孙武军事生涯最绚丽的篇章是在吴楚两国对决的战场上创造的，但是，他那光耀千古的兵学思想却离不开齐鲁文化特别是博大精深的兵学传统。《孙子兵法》在后世影响十分广泛，远及海外，并先后出现多位政治家、军事家、文学家为其作注，著名的有

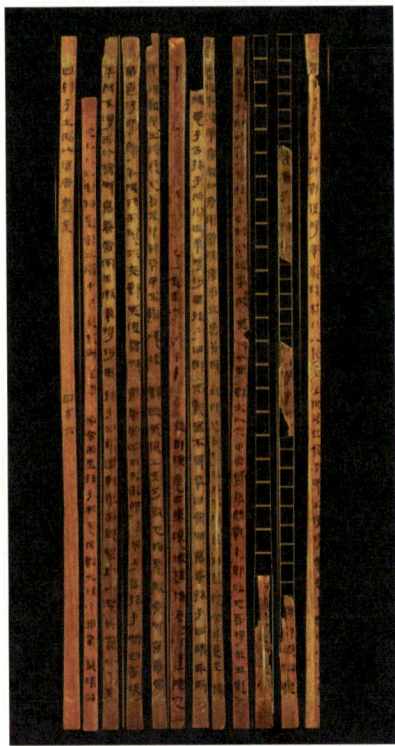

银雀山汉墓《孙膑兵法》竹简

曹操、杜佑、杜牧、梅尧臣等。

与《孙子兵法》相媲美的当属《孙膑兵法》，此书一度失传。1972年4月，山东临沂银雀山汉墓中出土了《孙膑兵法》，使这部兵书重见天日。孙膑是孙武的后代，曾在齐、魏战争中运用"围魏救赵"等策略多次击败魏军，并逼使魏军统帅庞涓自杀，从此名扬天下，成为蜚声列国的大军事家。《孙膑兵法》特别重视人在战争中的作用，提出了"天地之间莫贵于人"的重要论断，并强调"料敌计险""因地之利，用八阵之宜"，即以己之变应敌之变，以己之变胜敌之变的思想。孙膑从当时的战争实际出发，认真探索战争规律，使他的兵学著作中包含了丰富的唯物论和辩证法思想。

明代戚继光所作《纪效新书》是继承齐鲁兵家传统并结合实地作战演练经验而成的一部优秀兵书。戚继光（1528—1588），字元敬，谥武毅，山东蓬莱人，明朝抗倭名将。他精研战法，曾率领戚家军在东南沿海抗击倭寇十余年，威震海宇。此作成书于万历十二年（1584），是戚继光一生军事思想和经验的总结。明代很多兵书，作者大都是没有军事实践的文人书生，像戚继光这样上马能够操戈杀敌，下马能够执笔著书的，实在是凤毛麟角。戚继光所著的兵法，来自他生平练兵和治军经验的总结，绝非那些纸上谈兵者可比。书中所体现出的练兵、治军思想，超越时空，在指导今天的军事训练中仍有其宝贵的价值。

（三）艺苑琳琅韵味长：多彩的文史艺术经典

中华民族数千年文采风流，孕育出独具特色的文学和艺术作品，跻身世界文学艺术之林。其中山东籍的文学艺术家多如繁星，照亮了中华民族文史艺术的广阔夜空。他们以渊博的学识、动情的笔触展现了齐鲁大地人文荟萃、翰墨生辉的盛况，其中，《左传》《文心雕龙》《聊斋志异》《桃花扇》代表着文史艺术的最高水平。

《左传》据传是春秋战国之际鲁国史学家左丘明所作，全名《春秋左氏传》，它是为《春秋》作的注释，"传"就是注释的意思。《左传》既是一部儒家经典，也是一部史学要籍，同时还具有不朽的文学价值。《左传》为编年体，载《春秋》所记鲁国隐、桓、庄、闵、僖、文、宣、成、襄、昭、定、哀十二代二百五十余年间事，叙事生动跌宕，肖物传神，记言委婉曲折，纵横缜密，历来被视为先秦历史散文中成就最高之作。晋杜预《春秋序》称《左传》文缓旨远，刘知几《史通·六家》称《左传》"其言简而要，其事详而博"。《左传》于后世影响极大，《史记》《资治通鉴》于此取资，唐宋以后古文大家亦多奉为典范。

除此之外，山东地区还出现过很多史学家及史学著作。这些作品虽然未被列入正史，但在当时仍产生很大影响，其

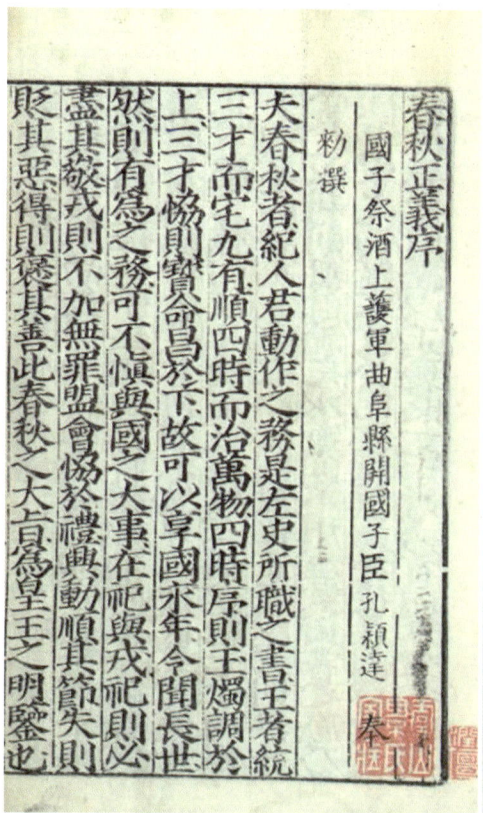

《春秋左传注疏》书影，明嘉靖刻本

中不少也成为正史的材料来源。如西晋平原华峤的《汉后书》、北魏清河崔鸿的《十六国春秋》、南朝莒县臧荣绪的《晋书》等等，都是十分优秀的史学著作。另如，唐代琅琊颜师古的《汉书注》等史籍注释，已成为原书不可分割的一部分，也为史料保存、文化传承做出了不可磨灭的贡献。

刘勰所作《文心雕龙》是一部体大思精、空前绝后的文学批评著作。刘勰（约466—约537），字彦和，南朝齐梁时期文学理论家。原籍东莞郡莒县（今属山东），世居京口（今江苏镇江）。幼年丧父，家贫，不婚娶，入建康定林寺，居十余年，精研佛典，历览古今经史百家及文学作品。三十岁时，梦执丹漆礼器随孔子南行，于是始撰《文心雕龙》。历时五年左右，至齐末而书成。

全书共五十篇，分上下两编，各二十五篇。全书用骈文撰写，各篇末均缀四言八句"赞"一首。除最末的第五十篇《序志》为全书序例，自述撰著动机、宗旨及全书结构外，其余四十九篇分论"文用"，即作文的宏

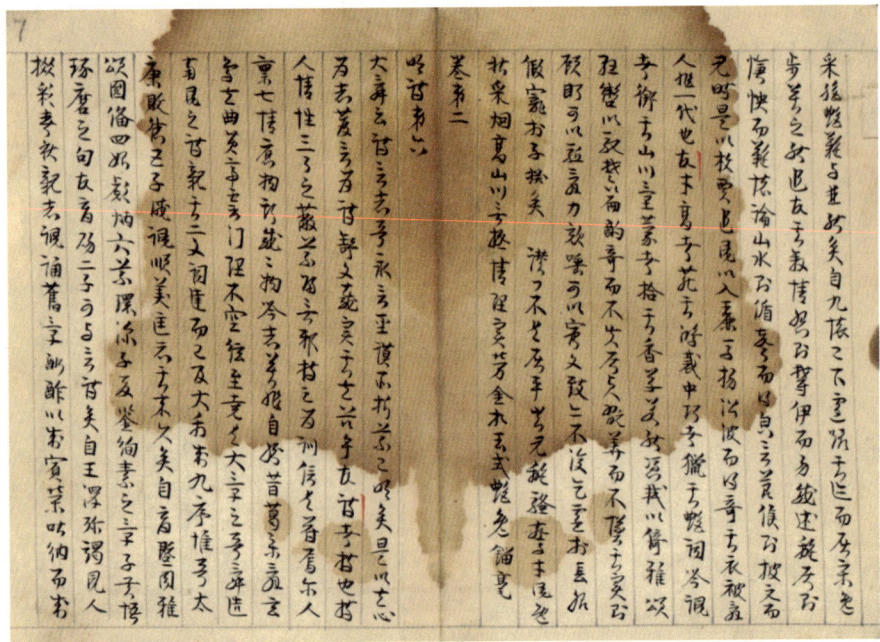

敦煌唐写本《文心雕龙》残卷 S.5478

观、微观诸问题。据《序志》所言，"文心"指如何用心作文，"雕龙"指论述作文之法如雕龙般精细。作者思想兼受儒、道、释三家影响，尤长于儒学、佛理。《文心雕龙》主要在儒家思想指导下著成，主张文章应有益于政治教化和个人道德修养，同时对当时仍流行的糅合儒、道的玄学也颇加肯定，其结构严密、论述细致，又体现出佛教经论的影响。

蒲松龄的《聊斋志异》达到清代文言短篇小说创作的巅峰。蒲松龄（1640—1715），字留仙，一字剑臣，号柳泉，山东淄川人。他在二十岁左右，开始创作《聊斋志异》，成书在四十岁前后，以后又不断增订、修补，年五十始写定。《聊斋志异》托于狐鬼荒幻，意在警发薄俗。书中有不少爱情故事，故事的主要人物大多不惧封建礼教，勇敢追求自由爱情，如《莲香》《小谢》等；还有抨击科举制度对读书人摧残的篇目，如《叶生》《司文郎》等；再就是揭露统治阶级残暴和对人民压迫的作品，如《席方平》《促织》等。《聊斋志异》是一本"孤愤之书"，无论在当时还是后世，皆获得极高评价。王士禛《题聊斋志异》说："料应厌作人间语，爱听秋坟鬼唱诗。"郭沫若评价道："写鬼写妖高人一等，刺贪刺虐入骨三分。"鲁迅也说："描写委曲，叙次井然，用传奇法，而以志怪。变幻之状，如在目前。"《聊斋志异》在后世广受欢迎，被改编成各种戏曲、电视剧、

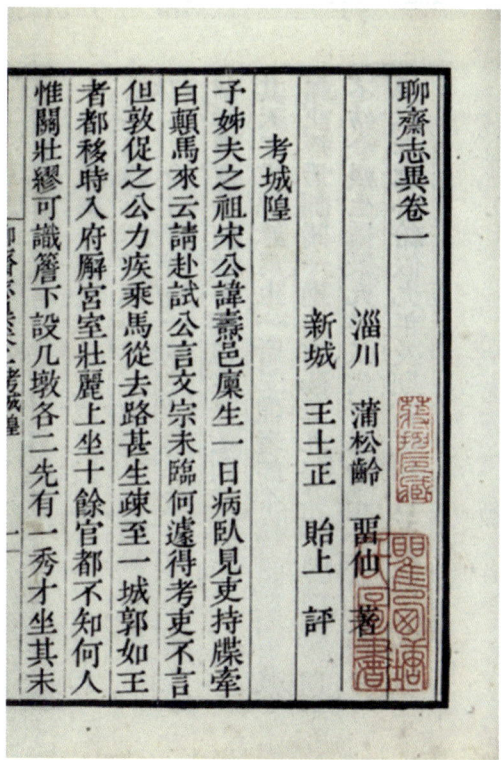

《聊斋志异》书影，青柯亭刊本

昆剧《桃花扇》剧照

电影、歌曲，至今仍是人们津津乐道的话题。

孔尚任（1648—1718），字聘之，一字季重，号东塘，别号岸堂，自署云亭山人，山东曲阜人。他经过长时期酝酿、十多年经营，三易其稿，于康熙三十八年（1699）写成传奇戏剧《桃花扇》，一时"王公荐绅，莫不借钞"，歌台演出，"岁无虚日"。此剧使孔尚任和《长生殿》传奇的作者洪昇成为清代最享盛名的戏曲作家，当时人称"南洪北孔"。《桃花扇》借复社文人侯方域与秦淮名妓李香君的爱情故事，反映出南明弘光王朝的覆灭历史。作者想以此剧"惩创人心，为末世之一救"。从这些史实中揭示出明朝"三百年之基业，隳于何人，败于何事，消于何年，歇于何地"。这个历史剧演出于明亡后仅半个世纪的舞台上，使观众尤其是一些故臣遗老在感情上引起亡国之痛的强烈震荡。《桃花扇》结构庞大而中心线索贯串全剧，细针密线，牵引生发，人物众多，性格鲜明而富有特征。数百年来，《桃花扇》屡演不衰，还被改编为话剧、小说、电影，并被移植为京剧、桂剧、越剧、扬剧、评剧等各种剧种。此外，英、法、德、日等文字的多种译本已传至世界各地。

这些产生于齐鲁先贤笔下的经典，逐渐走出山东，走向世界，产生了广泛而深远的影响。在新的时代环境下，这些经典需要我们进一步保护、传承和发扬，让这些历经沧桑、穿过历史留存下来的智慧结晶焕发新的光彩。

第二节　历代接续的山东古籍保护

山东自古为文物之邦。自孔子整理六经，以六艺敷教，开私家藏书之风以来，齐鲁大师辈出，代不乏人，私家藏书，蔚然成风。据王绍曾先生统计，山东地区历代藏书家数量远较江浙地区为多，藏书质量也足与江浙地区相颉颃。

（一）万卷藏书宜子弟：海源阁、归朴堂等藏书楼

山东藏书风气浓厚，源远流长。明、清及民国间的山东藏书家有480余人之多，远超江浙地区。山东的著名藏书楼也为数众多，名重海内，煊

山东聊城杨氏海源阁

赫一时，如明代濮州李廷相的来鹤楼、双桧堂，清代德州卢见曾的雅雨堂，曲阜孔继涵的微波榭等。其中最著名的，当属聊城杨氏的海源阁和临清徐氏的归朴堂。

海源阁坐落于聊城故城西南隅万寿观街，清道光二十年（1840）杨以增所建。它与江苏常熟县瞿绍基的"铁琴铜剑楼"、浙江吴兴县陆心源的"皕宋楼"、浙江杭州丁申的"八千卷楼"合称清代四大私人藏书楼。其中瞿、杨两家尤有"南瞿北杨"的美称。

杨氏藏书始于杨以增之父杨兆煜，后由杨以增、杨绍和、杨保彝祖孙三代广泛搜求珍籍善本而闻名于天下。杨以增，字益之，号至善，又号东樵，清乾隆五十二年（1787）生于聊城。因家存名典要籍，少时博览群书，奋发攻读。53岁家居为父守丧时建"海源阁"藏书楼。他生平嗜藏书，道光五年即开始收藏宋元珍本。后利用外出做官之便，广收博采，其中尤以得苏州黄丕烈"士礼居"藏书最多。嗣后其子杨绍和居官北京时又得清室弘晓"明善堂"藏书，使海源阁藏书更为宏富。其孙杨保彝历任北京总理各国事务衙门章京、山东优级师范教务长、山东省通志局会纂等职，使其收藏又陆续有所增加。至清末，海源阁藏书已达3236种，计208300卷有余。海源阁的浩瀚藏书，早为世人所瞩目。有人赞其为集四部之菁英，举旷世之鸿宝，"鸿名盛业，百载难逢，琅嬛之府，群玉之山，目不暇给，美不胜收"。海源阁自1930年起，历经战乱，迭遭破坏。所藏图书在军阀兵乱和日军侵略中大部散失，只有一小部分辗转收入国家图书馆和山东省图书馆。国家图书馆将海源阁藏书与其他珍贵手抄秘籍一起存入善本书库，山东省图书馆则开辟了一座"海源阁专室"妥善保管。

徐坊（1864—1916），字士言，号梧生，山东临清人。富藏书，傅增湘曾评价说："当其盛时，家富万签，声名煊赫，骎骎与南瞿北杨齐驱并驾。"经多年苦心罗致搜求，徐坊所藏善本渐富，名闻遐迩，其中不乏绝世之珍本。如宋刻本《周易正义》一种，被目为"旷世奇宝"；北宋刊刻岳氏家塾本《春秋经传集解》，更为罕见。徐坊生前未自编书目，故藏书底蕴鲜为人知。其见于各家著录者，计经部24种，史部36种，子部27种，集部98种，丛书三部327种，时代不明者18种，共计530种。民国年间，战乱迭兴，徐氏藏书终为不保，陆续落入京师各书商之手。

（二）清代辑佚第一家：马国翰与《玉函山房辑佚书》

马国翰（1794—1857），字词溪，号竹吾，清代历城（今山东济南）人，原籍章丘。道光十二年（1832）进士，官至陇州知州。任县令时，廉俸所入悉以购书，所积至五万七千卷。晚归林下，纂辑无虚日。辑有《玉函山房辑佚书》六百二十九种，被王重民先生誉为"清代辑佚第一家"。

马国翰看到《汉书·艺文志》《隋书·经籍志》著录之书遗佚者十之八九，学者欲睹无从，于是举周秦以迄唐代诸儒撰述，名氏篇第列于史志及他书可考者，广引博征，自群经注疏、音义，旁及史传类书，片辞只字，罔弗搜辑，名曰《玉函山房辑佚书》。分经、史、子、集四编，以集编未及撰成，即已去世，故流传于世者仅有经、史、子三编，分33类，凡经编16类，452种；史编3类，8种；子编14类，172种，共632种。所辑大部分书皆为作序录，冠于

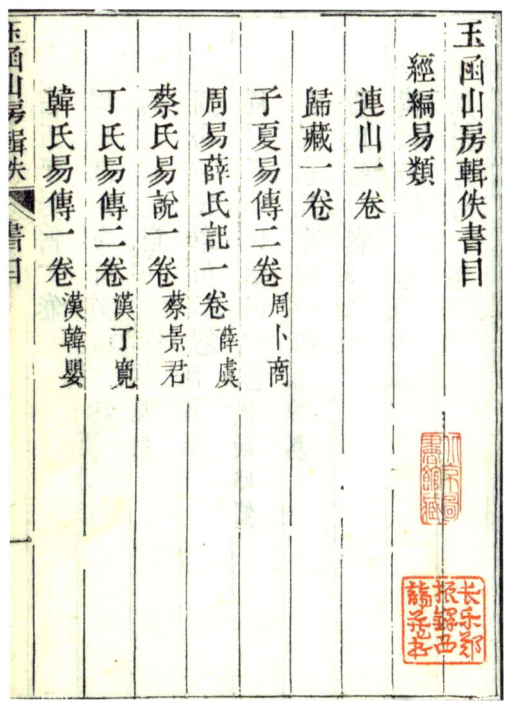

《玉函山房辑佚书》书影，清同治十年刻本

篇首，介绍作者、卷数、内容及流传情况，对了解佚书大有裨益。盖自宋人辑佚以来，其规模之大，数量之多，用力之劬，未有逾于国翰者。所辑佚书包含丰富的内容，为研究古代思想、学术、科技等方面，提供了大量资料，历来受到学术界的重视。

据王绍曾、沙嘉孙《山东藏书家史略》一书统计，山东历代藏书家多达559人。其中先秦两汉10人，魏晋南北朝18人，隋唐五代12人，两宋21人，金元17人，明84人，清349人，民国48人，蔚为大观。他们上至公卿，下到寒士，藏书读书，蔚然成风。这些人虽然身份有异，贫富有别，但都嗜书如命，不仅笃好学问，学识渊博，而且为保存古代典籍和地方文献，都做出了卓越贡献。

第三节　齐鲁文献代代传：新时期的古籍整理与保护

中国历来有修书的传统，如宋代以来官修的《文苑英华》《太平御览》《永乐大典》《古今图书集成》《四库全书》等大型工程，不仅昭示着学术的总结、文化的传承，更是社会安定、国力强盛的体现。就地方文献来说，清代以来，不少省、府先后编辑刊印了大批意义重大的地方文献丛书，如《云南丛书》《广东丛书》《山右丛书初编》《安徽丛书》《豫章丛书》《四明丛书》《金华丛书》《常州先哲遗书》《武林往哲遗书》等等。而作为孔孟之乡、文化大省的山东，历史上产生过大批文化名人，留下了丰富的著作，却由于种种原因，还没有编纂出与之相称的文献丛书。进入新世纪，随着技术手段的进步，古籍普查的深入进行以及古籍电子化的日趋发展，山东学者义不容辞地承担起整理地方文献的责任。在国家和省委省政府的大力支持下，《山东文献集成》《齐鲁文库》等山东省大型文献整理工程相继启动，为保存、传承齐鲁先贤的著述做出极大贡献。

（一）《儒典》与《齐鲁文库》的编纂

《儒典》作为《齐鲁文库》的首部系统文献，是在中共山东省委宣传部的指导下，在山东出版集团的统筹下，由山东大学、山东师范大学、山东人民出版社、齐鲁书社四家单位共同参与、协同编纂的。

专家们经多次反复研讨、论证，先根据儒学发展的历史和儒学典籍的存世情况，拟定"儒典初次选目"，具列书名、撰者、版本和馆藏。然后在"初次选目"基础上，根据儒学及其典籍的发展规律，着眼于儒学主干典籍，最终议定出"儒典定本目录"，共分"经解典""义理典""志传典"三个部分，选定典籍二百一十五种，对入选典籍和版本均一一进行审定。其中《儒典》"经解典"一百四十六种的复制、审稿、印刷等工作由山东人民出版社负责，"义理典""志传典"六十九种由齐鲁书社负责，与国家图书馆、天津图书馆、上海图书馆、中国孔子基金会、尼山世界儒学中心、山东省图书馆、山东大学等处达成合作协议，复制底本，予以原大影印，线装出版。

《儒典》书影

《儒典》成果展示

《儒典》已于2022年面世，作为对儒家经典的一次精选和萃编，集合了历史上儒学文献经典著作的优良版本，集中体现儒学形成和发展的主脉络，为文化学术界提供了一套系统的儒家经典代表性版本、儒家经典注释的代表性成果、儒学研究的代表性专著和儒学人物的师承传记，是一部系统丰富、蔚为壮观的精华之典、时代之典、传世之典，是推动中华优秀传统文化创造性转化、创新性发展的具体实践。它既是一部内容系统丰富、形式精美可观的儒学典籍善本集成，也是传承弘扬中华优秀传统文化的国家级文化工程和重大标志性成果。

2023年9月27日，包括典籍编、史志编、红色文献编170册在内的《齐鲁文库》首批成果在中国（曲阜）国际孔子文化节隆重发布。接下来，研究编、人物编、文物编、文学艺术编、山水编、科技编将陆续推出。《齐鲁文库》作为山东历史上规模最大的文献编纂出版项目，是"山东文脉"工程的重要组成部分。此项目旨在使山东历代传世文献得到全面的保护、整理、出版及研究，充分挖掘齐鲁文化的资源优势和文化价值优势，使之成为齐鲁文化最丰富、最完备的集大成之作，成为经得起历史和人民检验的传世文化工程，立起新时代山东"文化泰山"。

《齐鲁文库》成果展示

（二）《山东文献集成》与《孟子文献集成》的编纂

《山东文献集成》（以下简称"《集成》"）是山东省政府特批重大文化工程，于2006年初正式启动。该工程由山东大学王学典、杜泽逊教授组织策划，自2006年至2011年陆续出版四辑，共计200册，影印山东先贤遗著稿本、钞本和重要的刻本一千余种。

《集成》优先选择学术价值较高而又流传不广的山东先贤著述，以及少量外省人士撰写的有关山东的重要著作，同时兼顾在历史上有重大影响的山东人的代表作。一批有重大价值的未刊稿如刘喜海《古泉苑》、时庸劢《音韵学丛稿》等，系首次整理刊出。有些重要著作，如清代最大的辑佚丛书马国翰的《玉函山房辑佚书》，虽有影印本问世，但底本不佳，《集成》选用道光间历城马氏家刻本重新影印，并附光绪间补印的《玉函山房辑佚书补编》，成为最完整精善之本。《集成》完成出版后，成为各省丛书中规模较大质量较高的一种，为建设文化强省做出重要贡献。

　　《孟子文献集成》是由孟子研究院、山东省齐鲁文化研究院和山东人民出版社协同合作，由王志民担任主编，陈来担任学术委员会主任，杜泽逊负责选目，多方共同致力完成的一项大型孟子文献搜集、整理、出版学术工程。这是有史以来，对孟子传世文献的首次集中汇编和整理。

　　现已出版的200册（604种）文献中，除自清代以来被收入《四库》系列的77种及近年北京大学《儒藏》"精华编"20余种校点整理本外，其余传世文献或尘封馆阁，或孤悬海外，或隐于民间，绝大多数都未曾面世和公开出版；90%以上未经整理。濒危绝版的宋、元珍藏秘本，经本次影印出版，得到了抢救性保护；明代刊刻的158个底本中，有92个来自日本、美国，皆为国内所未

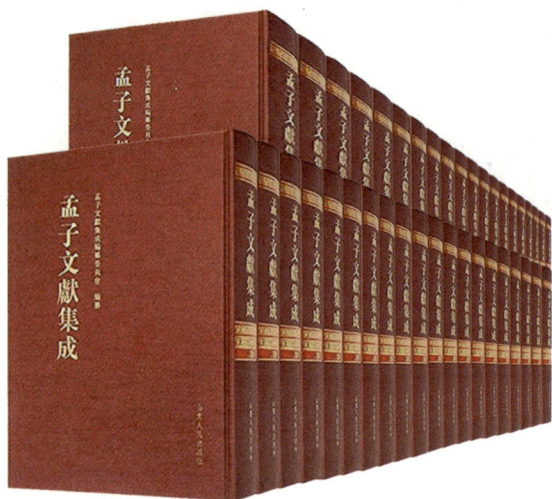

《孟子文献集成》书影

见。其中，日本龙谷大学的16种明代文献，有15种是孤本，为龙谷大学所仅存，而且卷帙丰厚，保存完整，朱墨套印，刊刻精良，为国内未见，弥足珍贵。该工程于2013年启动，得到孟子故里中共邹城市委、市政府的大力支持，得到国内各高校、图书馆的鼎力支持。《孟子文献集成》的编纂出版，为孟学史、儒学史乃至中华文明传承发展的研究都提供了大量的文献依据，为孟子思想及其影响的研究也提供和奠定了坚实的文献基础。

（三）"子海"与"全球汉籍合璧工程"的编纂

"子海"项目是2010年6月正式立项的。从学术发展的走向看，史部典籍的整理研究已取得辉煌成就，经部典籍有北京大学、四川大学的《儒藏》工程，集部有全国高校古委会的系列项目"九全一海"，则子部书的整理与研究，就显得尤为重要。山东大学依托深厚的子部书整理研究传统，组织优秀团队，设立专门机构，较好地实施了这一项目，取得了丰硕成果。

《子海珍本编》第一辑已于2013年12月出版。第一辑共174册（含大陆卷124册和台湾卷50册），收子部古籍543种，所选版本皆为珍稀精善之本，其中有宋金元刻本47种、稿本84种、元明清抄本148种、明刻本224种，计503种，占此辑影印总数的92.6%。文献价值之高，学术价值之大，弥足珍贵。"子海"项目推进了海内外高端学者的学术协作。《子海精华编》从海内外高校选聘了155位作者及10多位编委，推出了高质量的整理成果。截止到2020年，已整理出版100多种子部要籍，极大深化了子部文献的整理与研究。

"全球汉籍合璧工程"是在"子海"基础上深入推进的古籍整理工程，以山东大学为实施的责任主体单位，于2013年11月设计并提出了合璧工程基本构架和实施设想，2017年正式启动实施。本项目的主要任务是对境外存藏中华古籍资源进行调查摸底，并兼顾其他中华古文献信息收集；对境外存藏、境内缺

《子海精华编》书影

失的中华古籍进行遴选，并以数字化、缩微复制、摄影扫描等多种方式实现再生性回引；加强对境外中华古籍的整理出版、学术研究，建立境外中华古籍目录等三大数据库，形成面向全社会的开放共享机制，实现工程成果面向全社会的公益使用和科学研究，向公众揭示中华古籍蕴含的深厚文化内涵。合璧工程主要包含四方面具体工作，即境外中华古籍调查编目和复制影印、境外中华古籍精华点校整理、汉籍与汉学研究、数据库建设，并根据任务设置学术团队及工作方案。

业已完成的《山东文献集成》主要聚焦齐鲁先贤的著作，接续其后的"子海""全球汉籍合璧工程"等已不局限于搜集整理山东地方文献，而是将眼光放眼全世界，关心中国典籍的存佚命运，体现出山东学者的学术眼光之独到、研究视野之宏阔以及自觉担负传承中华优秀传统文化的使命感与责任感。在国家和省委省政府的大力支持与这些优秀学者的带领下，山东古籍文献的整理、保护、传承和发扬，必将达到新的高度。

结语　让齐鲁优秀典籍"活"起来

书籍是人类社会发展过程中创造出来的重要成果，是人类文明得以延续的重要载体，同时又是人类物质生活和文化生活借以进步的重要手段。历史典籍记录着中华民族形成、发展、壮大的演进历程，承载着厚重的历史和灿烂的文化。在数千年的历史积淀中，山东积累了丰富的文化典籍资源。对于祖先们留下的这份珍贵的历史文化遗产，我们应当认真保存好、充分利用好，既要守古存古，又要古为今用，让齐鲁优秀文化典籍"活"起来。

首先，重视和完善地方古籍保护机制。历代典籍经过兵燹动乱、天灾人祸，留存至今实属不易。近代以来，国家历经战乱，内忧外患，大量典籍文物流失海外，令人扼腕。因此，我们有必要对存世典籍文献进行妥善保护和管理。2022年，中国国家版本馆的落成就是一次成功的尝试。新时代建设中国国家版本馆，将承载中华文明、关乎民族文脉传承的各类版本规划保藏，对于增强文化自信、厚植文化根基具有重要的现实意义。习近平总书记指出："盛世修文，我们这个时代，国家繁荣、社会平安稳定，有传承民族文化的意愿和能力，要把这件大事办好。"作为古籍文物大省，山东应当紧跟国家战略，积极完善古籍保护机制，改善各级藏书机构的条件，使得地方古籍得到有效保护。

其次，加快推进古籍文献的公开、整理与数据库建设。古代藏书以国家机构和私人藏书楼为主，进入新时代，古籍则更多地集中在各级公立图书馆。但相较于国外积极推进古籍的公开，国内则相对封闭，很多图书馆的古籍不对公众开放。基于此，数据库建设迫在眉睫。从全球范围来看，各类古籍数据库建设已十分成熟。目前，国内不少图书馆也在积极试行古籍电子化数据库，国家积极推行"中华古籍保护计划"，国家图书馆（国家古籍保护中心）建设的综合性古籍特藏数字资源发布共享平台"中华古籍资源库"等资源库也日益发挥着重要作用。但从全国范围来看，仍有继续统筹规划的巨大空间。我们应该认识到，文物价值之外，古籍更应展示它的文献和学术价值。古籍电子化进程，使以往散落世界各地难得一见的古籍化身千万，极大地方便了读者阅读和研究。

再者，在全面深入挖掘地方文献的基础上推进点校整理和研究阐发工作。目前，《山东文献集成》《孟子文献集成》《儒典》等大型文化工程着眼于传世文献的影印整理，尤其是十分重视对濒临失传文献的抢救性发掘与整理，取得巨大成绩，同时为研究中华传统文化的学者提供良好的条件。但也应该看到，当前古籍影印已取得不错成绩的同时，相关文献的点校整理及研究却相对滞后。如《山东文献集成》和《孟子文献集成》中的多数文献未经点校整理和深入的学术研究。在《山东文献集成》所收录的千余种地方典籍之外，仍有万余种文献有待整理和研究，这就有待于更多学者将目光投入到相关文献的挖掘、整理和研究中，从中提炼出凝聚民族力量、推动社会发展的思想瑰宝。齐鲁文化是中国传统文化的重要组成部分，深刻理解齐鲁文化中蕴含的宝贵价值理念和人文精神，有利于增强历史自觉、坚定文化自信，更好地推动社会主义精神文明建设。

最后，引导人民大众成为优秀传统文化的践行者。保护古籍的落脚点不在于仅仅为这些古代典籍"续命"，而是要研究、提炼、传承、发扬其积极的、优秀的、深刻的思想价值，从而为实现全面建设社会主义现代化国家、全面推进中华民族伟大复兴的目标提供强大的精神动力。要以"两创"为指导方向，努力实现中华优秀传统文化创造性转化、创新性发展，将山东文化典籍中的优秀内容以更加通俗、更加普及的形式推向人民大众，使齐鲁文化在大众的心中扎根、发芽、开花、结果，人人成为齐鲁优秀文化的传承者和发扬者。高校学者可更好发挥作用，以学术讲座、学术公开课的形式向大众推广齐鲁文化。依托科研机构推出普及读物和电视节目也是不错的形式，如教育部人文社会科学重点研究基地山东师范大学齐鲁文化研究院承担省委宣传部《山东文化体验廊道故事丛书》编纂工作，积极推进齐鲁文化宣传普及；与省文旅厅、山东电视台联合推出的"齐鲁文化大会""黄河文化大会"，在全社会引发关注齐鲁文化、黄河文化的热潮，助推山东旅游产业提升发展，文创产品不断涌现，推动了文旅产业的高质量发展。

在广阔的齐鲁大地上，依托先贤留存下来的丰富厚重的文化遗产，我们要赓续文脉，踔厉前行，在推动中华优秀传统文化创造性转化、创新性发展方面必将大有可为。

第五章

文化遗存广泛众多

　　山东省历史积淀深厚，是闻名全国的文化大省。境内丰富多彩的文物遗存、遍布各地的文化遗址和独具特色的古代建筑是齐鲁文化的重要载体和实物见证，展现了齐鲁文化具有的鲜明文化特色和独特历史贡献。在这片丰厚的人文沃土上，星罗棋布的文化遗物遗址，不仅承载着中华民族深厚的历史文化底蕴，为延续历史文脉、增强文化自信提供动力支撑，而且作为特色旅游资源不断助推文旅产业融合高质量发展。

第一节　异彩纷呈的文化遗物

巍巍齐鲁，历史源远流长，文物古迹遍布，文物珍品众多。据相关统计，山东省16市的不可移动文物近3.35万处，国有可移动文物286万余件（套），居全国第三位。这些异彩纷呈的文物遗存是我国珍贵的物质文化遗产，它们静静地躺在博物馆中，向人们诉说着自己的前世今生。山东省内现有647家博物馆，博物馆总量、一二三级博物馆数量、革命纪念类博物馆数量、非国有博物馆数量等6个指标，均居全国第一位。2008年以来，山东相继有18家博物馆入选国家一级博物馆，包括青岛市博物馆、中国甲午战争博物馆、青州市博物馆、山东博物馆、烟台市博物馆、潍坊市博物馆、孔子博物馆、济南市博物馆、济南市章丘区博物馆、山东大学博物馆、青岛啤酒博物馆、青岛山炮台遗址展览馆、淄博市陶瓷博物馆、齐文化博物院、山东省滕州市博物馆、滕州市汉画像石馆、济宁市博物馆（朱复戡艺术馆）、临沂市博物馆。珍藏在博物馆中的一件件文物瑰宝是山东先民生产生活的真实写照，是呈现齐鲁文化历史面貌的重要载体。

（一）大汶口文化的代表：大口陶尊

二十世纪五六十年代，山东莒县陵阳河、大朱村等大汶口文化中晚期遗址，出土了刻有图符的大口陶尊。此后，山东诸城前寨、宁阳于庄东南、莱州吕村等地遗址也出土了此种类型的大口陶尊。据不完全统计，各地大汶口文化晚期共出土带刻画符号的大口陶尊三十余例，完整器（含经修复）二十余件。大口陶尊的功能，主要有酿酒器、粮食加工器、特殊盛器、生殖崇拜、丧葬仪器、祭祀礼器等不同观点。大口陶尊上刻画符号的

大口陶尊（现藏莒州博物馆）

含义也有多种解释，除了图像文字或原始文字的解释外，还有天象历法符号、自然崇拜符号、祭祀符号、氏族标记（族徽文字）、生活场景摹画等解释。

大口陶尊器身表面刻画符号组合，最为典型的说法是自上而下刻着"日""云""山"形（也有称"日月山、日火山、日鸟山"等）。饶宗颐认为这是一个吉利的符号，或表示陶器的拥有者具有与"日月齐光"的权威。更多学者认为这一符号是文字，观点的差别在于该种文字所处的发展阶段。著名古文字学家于省吾将这组符号释读为"旦"：山上的云气承托着初出山的太阳，为早上旦明的景象，是一个会意字，是"山"上一个"旦"字。他将其视为汉字的起源，是"原始文字由发生而日趋发展的时期"。它具备了汉字音、形、义的因素，并正向臻于成熟的汉字发展。唐兰将该刻符释为"炅"字，认为是已经很进步的文字。王树明将该图形的上中部释读为"炅"，下部刻划释读为酒神图像，是一个用以代表祠祭仪式而摹写的一个图像文字。裘锡圭认为这些象形符号与古汉字相似的程度是非常高的，它们之间似乎存在着一脉相承的关系。还有的学者将日月山形释读为"皇""炅山""炟"等不同文字。

大口陶尊是堪称国宝重器的文物。大口陶尊上的象形文字，或者说类似文字的刻符和图像，作为我国汉字的雏形，是破解史前文明难得的密码，更是实证中华文明五千多年发展历程的有力证据。因此带有刻符的大口陶尊一经出土，便引起学界的高度重视。它对研究该区域的文明发展、大汶口文化时期的文化传播以及中国早期文字起源具有重要意义。

（二）龙山文化瑰宝：蛋壳黑陶

蛋壳黑陶，是一种制作精致、外表漆黑黝亮、薄如蛋壳的黑陶，有"黑如漆、亮如镜、薄如纸、声如磬"的美誉，是中国史前龙山文化黑陶艺术之瑰宝，被世界考古界誉为"4000年前地球文明最精致之制作"。

蛋壳黑陶高柄杯是龙山文化的一种代表性器物，一般由盘口、杯部、器柄和底座四部分组成，高约10—25厘米，重约50—70克。最让人称奇的是，该类高柄杯的器壁之薄达到了无以复加的程度，平均厚为0.3—0.5毫米，盘口附近的杯身最薄，仅0.2毫米，甚为罕见，是中国史前陶器的巅峰之作。

从整体上看，这类"泥与火"交织的艺术品，具有黑、亮、薄、轻、硬等鲜明特征。它们纤巧细致，雅致高贵，极有可能是一种象征尊贵身份的礼器。

值得一提的是，古代山东的东部地带是蛋壳黑陶的主要发现地。如1930年在章丘城子崖遗址最早发现了数块蛋壳黑陶残片，1936年在日照两城遗址发现了相对完整的蛋壳陶杯，1960年在潍坊姚官庄遗址出土了五件蛋

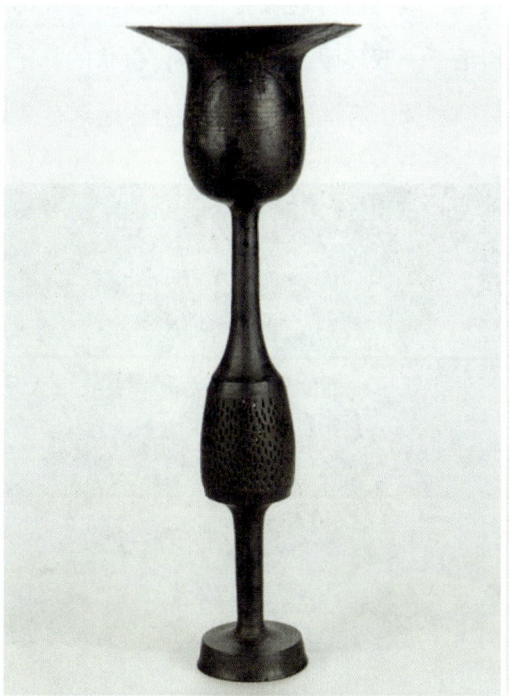

东海峪高柄杯（现藏山东省文物考古研究院）

壳陶杯，1975年在日照东海峪龙山文化遗址出土了一件器型完整的蛋壳黑陶杯。迄今为止发现的这些蛋壳陶，说明史前山东地域内先民们掌握了高超的制陶工艺，创造了灿烂的文明。

（三）威严赫赫的商代礼器：亚丑钺

亚丑钺，1965年出土于山东省青州苏埠屯一号商墓。钺在商周时期是权力的象征，《史记·殷本纪》记载商汤手持大钺"伐昆吾，遂伐桀"。《尚书·牧誓》提及周武王誓于牧野后，"左杖黄钺"，开启翦商大业。清道光年间出土于陕西的《虢季子白盘》，记录了周宣王褒奖虢季子功劳显赫，赐钺嘉奖。这件"亚丑"青铜钺，是目前出土的商代青铜钺的典型代表。

此钺呈巨斧型，身长32.7厘米，刃宽34.5厘米，最显著的特征是它的纹饰。钺的器身透雕着一幅人面兽形纹饰，人面五官微微突起，弯钩状的眉毛下一双环眼，怒目圆睁，兽状的鼻子下一张上扬的嘴，利齿獠牙，两只圆耳朵下有图腾状铭文，对称地刻有"亚丑"二字，故得名"亚丑钺"。

亚丑钺（现藏山东博物馆）

和亚丑钺同时出土的还有一件青铜钺，身长31.7厘米，刃宽35.8厘米，器身没有铭文，但同样透雕着面目狰狞的人面兽形纹饰，极具威严，现藏于中国国家博物馆。

亚丑钺出土的古青州地区是上古九州之一，曾是商代薄姑方国之地。郭沫若推断亚丑钺系薄姑氏部族的族徽。两钺造型奇特，纹饰精美，透着一股"狞厉的美"，见证了一个强大部族的辉煌，是殷商文明的珍贵遗留。

（四）天下第一名刻：秦泰山刻石

公元前221年，秦始皇"扫六合"一统天下后，为了"示强威，服海内"，多次离京巡游，每到一地，便令大臣刻石"以颂秦德"。据史书记载，秦始皇先后刊有《峄山刻石》《泰山刻石》《琅琊刻石》《芝罘刻石》《东观刻石》《碣石刻石》《会稽刻石》等七件刻石，并称"秦七刻石"。公元前210年，秦二世胡亥继位后，重走始皇巡幸之路，在始皇的刻石下，增刻诏书。时至今日，历经2200余年的风雨洗礼，"秦七刻石"大多损毁佚失，仅《泰山刻石》《琅琊刻石》残存片字，为秦代原刻。

《泰山刻石》初立于泰山岱顶玉皇庙南，现仅存3块残石，10个残字，清晰易读，藏于泰山岱庙东御座院内。碑文中始皇初刻144字，二世胡亥又增刻78字，两次刻字共22行，总222字。相传两次刻石的刻辞都是由丞相李斯所书，遂又称为"李斯碑"。虽然《泰山刻石》原貌形制已不得见，但可从历代摹刻拓本中窥其一斑。现存拓本除了明人安国收藏的北宋165字本和53字外，还保存有清人聂剑光摹刻的明29字本和徐宗干摹刻的29字本。这是研究《泰山刻石》和秦代篆书的重要资料，弥足珍贵。《琅琊刻石》残石现存13行87字，字迹剥蚀模糊，藏于中国国家博物馆。

《泰山刻石》因其特殊的历史背景和美妙的书体文字，为历代文人墨客所珍爱，成为后世碑铭创作的标杆。宋人刘跂《泰山秦篆谱序》云："李斯小篆，古今所师。"明人查志隆《岱史》曰："秦虽无道，其所立有绝人者，其文字、书法世莫能及。"鲁迅赞誉道："质而能壮，实汉晋碑铭所从出。"秦泰山刻石是泰山现存最早、影响最大的刻石，承载着千年历史的沧桑，积淀着百代文化的厚重，堪称碑铭之祖。

（五）西汉"百戏"代表：乐舞杂技彩绘陶俑

西汉乐舞杂技彩绘陶俑，1969年4月出土于山东省济南市无影山11号汉墓。这是一件极为精巧的陶器，人物众多，集杂技、舞蹈、音乐、观赏者于一体，生动再现了2000多年前济南地区流行的"百戏"场景。

这件长67厘米、宽47.5厘米的陶盘上载有21个彩绘陶俑，它们动作不一，表情各异。其中，有七位表演者占据中心位置，偏左侧的两位女子，身穿绕襟花衣，挥舞长袖，翩翩起舞；偏右侧的四位男子，头戴尖顶褐色小帽，身着紧身短衣，腰束白带，正在表演杂技；最前方一人，身可转动，穿着窄袖朱色长袍，双臂向两侧张开，头微微昂起，似在引吭高歌。身处后面一排的是助兴的乐队，有的在跪地吹笙，有的在鼓瑟击磬，有的在击鼓敲钟。分立两旁的则是观赏者。这些各具特点的陶俑，完整地展现了汉代贵族观赏乐舞杂技表演时的生动场面。

秦汉时期，"百戏"已发展成为汇合杂技、俳优、傀儡等多种艺术为一体的表演形式。西汉乐舞杂技陶俑群的发现，不仅立体展示了汉代乐舞"百

乐舞杂技彩绘陶俑（现藏济南市博物馆）

戏"及宴乐的真实场面，而且也填补了汉代早期此类实物资料的空白，对研究汉代的音乐、舞蹈、杂技、雕塑、社会等都具有非常重要的价值与意义。

（六）"第一甲第一名"：明状元赵秉忠殿试卷

明状元赵秉忠殿试卷，现藏于青州市博物馆。赵秉忠（1573—1626）字季卿，山东省青州府益都县（今青州市）人，少聪慧，有大志，于万历二十六年（1598）状元及第，时年25岁，后官至礼部尚书。1983年，赵秉忠的第十三代孙赵焕彬将家藏的赵秉忠状元殿试卷献给益都县文物保管部门。这份历经380多年风雨的殿试卷，是中国科举制度创立以来唯一传留至今的状元卷实物。

此卷通高47.6厘米，中间行文高35.7厘米，共为19折册页。全卷分前后两大部分，前一部分有4折册页，介绍了作者及其上三代的情况；后一部分是用工整小楷写成的正文，有15折册页，每折6行，共2460字。试卷正文首页右上角有朱书"第一甲第一名"六个大字，正文后附有九位读

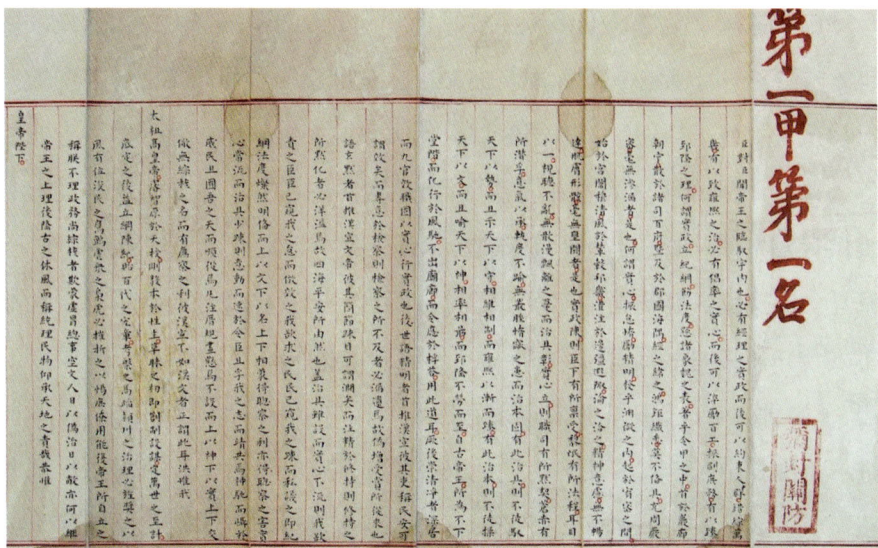

明状元赵秉忠殿试卷（现藏青州市博物馆）

卷官的职衔和姓名，卷尾处印有"印卷官礼部仪制清吏司署郎中事主事臣朱敬循"一行大字。

赵秉忠以"实政""实心"回答了皇帝"帝王之政和帝王之心"的策问。他认为帝王要有"振怠情，励精明"的"实心"，行"立纪纲，饬法度"的"实政"，才能"致弘勋"，确保国家的长治久安。同时，赵秉忠在殿试卷中实事求是地分析了当时的社会矛盾，并提出了相应改革建议，可见其治国安邦的雄才大略。

这份状元殿试卷是一件极为珍贵的历史文物，生动展现了儒家知识分子积极入世的人文情怀、经世致用的精神追求和修齐治平的理想信念，对研究我国科举制度和明朝的政治、思想、文学艺术等都有着极为珍贵的史料价值。

第二节　古老而多样的文化遗址

山东地区文化遗址众多。经过几代考古学者的不懈努力，山东地区累计入选"全国十大考古新发现"23项，入选数量居全国第四位，其中的大汶口遗址、城子崖遗址、齐国故城、鲁国故城、银雀山汉墓、龙兴寺遗址等入选"中国百年百大考古发现"。山东地区的考古工作为实证中华文明提供有力支撑，如西孟庄遗址、跋山遗址、稷下学宫遗址、赵家徐姚遗址、章丘焦家遗址、滕州岗上遗址、琅琊台遗址、齐长城遗址等取得的重大考古发现，持续擦亮了"海岱考古"品牌，为深入开展"中华文明探源工程"，构建山东古代历史发展谱系发挥了重要作用。与此同时，考古工作者进一步展开山东沿海、威海湾定远沉舰等涉水文物考古，为"海上丝绸之路"申遗、甲午海战研究提供了崭新资料。沉睡千年的古老文化遗址，在考古队员的触摸下逐渐苏醒，向世人展现着齐鲁大地的独特风采。

（一）大汶口遗址

大汶口遗址位于山东省泰安市岱岳区大汶口镇南，是新石器时代晚期父系氏族社会遗址。该遗址延续时间较长，文化内涵丰富，既发现有北辛文化和龙山文化遗存，又几乎涵盖由早期到晚期的大汶口文化，为全面揭示大汶口文化的历史渊源、面貌特征、社会形态、发展谱系等，提供了一批崭新的资料。

大汶口遗址首次发现并发掘于1959年6月，共清理出新石器时代墓葬133座，分为大、中、小三类。在部分大型墓葬中还发现了制作精美的彩陶、骨器、玉器、象牙器等遗物，充分说明当时社会已经出现贫富分化现象，这引发了考古学界普遍的关注。20世纪70年代，为配合泰安地区的公路桥建设工程，山东省文物考古部门于1974、1978年在汶河北岸进行了第二、三次考古发掘，发现了一批北辛文化以及大汶口文化早期阶段的房基、灰坑等遗迹以及陶、石、骨器等遗物。这批遗迹遗物的发现，对把握北辛文化的面貌特征及其与大汶口文化的传承关系意义重大。

2012年10月，新一轮的发掘工作再次揭开了大汶口遗址掩盖数千年的神秘面纱。此次发掘不仅清理出了龙山文化遗址，确立了山东地区龙山文化的历史渊源，而且发现了成片的具有明显规划的大汶口文化时期的居住基址，对揭示大汶口文化的面貌特征和社会性质具有重要意义。大汶口遗址是新中国史前考古的重大成果之一，见证了泰安地区悠久的历史文化，业已成为山东地区重要文化符号。

（二）城子崖遗址

城子崖遗址位于山东省济南市章丘区龙山镇东武原河东岸，是中国学者发现并挖掘的最早的新石器时代遗址。因遗址中出土了一批以磨光黑陶为显著特征的文化遗存，一度被命名为"黑陶文化"，后因发现地龙山镇而被命名为"龙山文化"。

城子崖遗址最早由吴金鼎发现。1928年3月底至1929年夏秋之间，吴金鼎先后五次前往龙山镇城子崖详细勘察，确认城子崖遗址的灰土层"为龙山文化之最古层"。这一发现顿时引起中国考古界的重视，开启了中国史前文化研究的新篇章。

1930年11月，山东古迹研究会成立，宣布将组织李济、董作宾、郭宝钧、吴金鼎等考古学者对城子崖遗址进行第一次大规模发掘。1931年，吴金鼎、梁思永等又进行了第二次发掘。1934年，考古学者整理编著的城子崖遗址发掘报告——《城子崖——山东历城县龙山镇之黑陶文化遗址》正式出版，这是第一部由中国学者自己编著出版的田野考古报告，开创了中国田野考古专刊的基本体例。一个以"油光黑陶片"为主要特征的新石器时期文化遗存，在沉睡了4000多年后又重新展现在世人面前。

城子崖遗址的发掘，确认了一种与中原地区的仰韶彩陶文化有别的黑陶文化，推进了中华文明起源问题的研究，动摇了"中国文化西来说"的观点。作为龙山文化发祥地的城子崖，也获得了"中国考古学圣地"的殊荣。

（三）鲁国故城

鲁国故城位于今山东曲阜，是两周时期鲁国国都城址。曲阜在上古时期是东夷之地，相传为"少昊之墟"。殷商时代，曲阜为奄国国都。周灭商后，封周公于鲁，长子伯禽代父就封，建都曲阜，自此至鲁顷公二十三年（前249）亡国止，共传34代。

1977—1978年，考古工作者首次对鲁国故城进行了系统的考古勘探，确认了鲁故城"大城套小城"的城市布局。"大城"即外城（郭城），呈不规则的长方形，有城门11座，最早建造时间可追溯到春秋早期，后经多次增修、扩建，现地面仍有残存城垣4000余米。"小城"即内城（宫城），始建于春秋晚期。2012—2017年，考古工作者重新勘察了外城的城墙、城壕范围，确定了故城城址东西约3500米、南北约2500米，总面积约10.45平方千米。两次考古发掘出土了大量的文物遗存，其中有两件兽头状的象牙雕刻器物，制作十分精美。

曲阜作为周公封邑，各代国君积极推行周朝的礼乐文化制度，奠定了鲁国在诸侯国中的地位。春秋战国时期，鲁国逐渐成为代表周文化的东方重镇，有"犹秉周礼""季札观礼""周礼尽在鲁矣"等记载。鲁故城内的空间布局分化明显，宫殿区、居住区、祭祀区、墓葬区和手工业区等皆有统一规划。这样的布局理念契合周礼的建制，与《周礼·考工记》中的国都规划相似，印证了周文化对鲁文化的影响。

（四）齐国故城

齐国故城位于山东临淄，是两周时期齐国国都城址。西周成立之初，姜太公封齐，建都营丘，后齐献公更名为临淄。据《战国策·齐策一》记载，战国时期的齐国已是拥有几十万人口的大城市，经济非常发达，道路上车水马龙，百姓生活丰富多彩，呈现出前所未有的繁荣。齐故城及其周围地带文物不可胜数，被誉为"地下博物馆"。

齐故城包括大城和小城两部分。大城共发现9座城门、7条街道和许多规模较大的手工业作坊。小城是宫城，在大城西南方，其东北部伸进大城西南隅，两城衔接，共发现2座城门，3条街道。小城北部偏

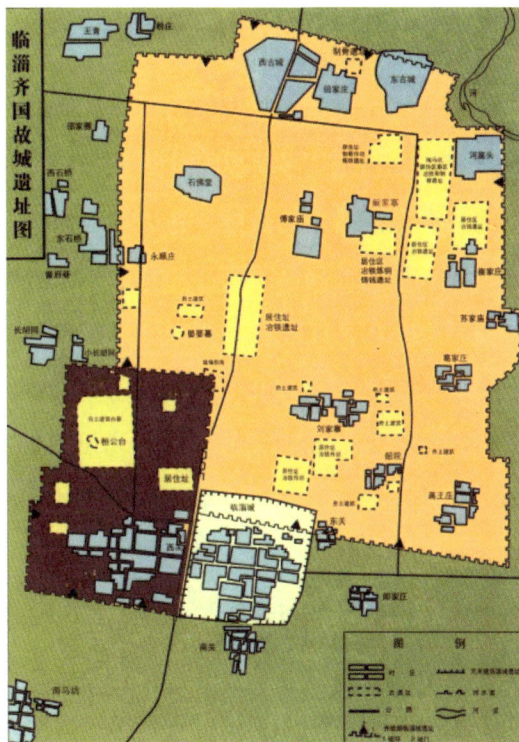

齐国故城遗址图

西有一座"桓公台",台高14米,周围有许多夯土建筑群遗址。从遗迹考察推断,小城一带应该是稷下学宫的建筑基址。

齐国土地贫瘠,历代统治者都重视发展工商业,"通工商之业,便渔盐之利"。考古发现可证实这一点。齐故城中发现6处相对集中且面积较大的冶铁遗址和2处东周时期的冶铜遗址,这些遗址不止分布在宫殿区,而是分布相对广泛,说明齐国的工商业已经有了很大的发展。

齐国故城遗址还发掘出排水道口、韩信岭、晏婴冢、殉马坑等10余处遗址。其中的东周殉马坑、春秋车马坑以及临淄墓群,世所罕见。另据《战国策》《史记》等文献记载,早在2300多年前的齐国境内,就已诞生并流行蹴鞠活动。2005年5月20日,国际足联主席布拉特在国际足联百年庆典闭幕式上,为足球起源地临淄颁发了"足球起源地证书"。

(五)齐长城遗址

作为山东省境内四大世界遗产(泰山、三孔、齐长城、大运河)之一的齐长城,修筑于春秋战国时期,距今已有2500余年的历史,是现存有迹可考、年代最古老的长城,有"中国长城之祖"的盛誉。长清区定头崖西山段的长城遗址仍保留着2500年前的原始风貌,称得上是齐长城的"活标本",于2020年11月26日列入《第一批国家级长城重要点段名单》。

齐长城西起济南市长清区广里村北的岭子头,向东沿泰沂山脉,途经济南、泰安、淄博、临沂、潍坊、日照、青岛等18个县、市、区,跨越2000余座大小山峰,于青岛市小珠山向东北入海,全长618.9公里。齐长城城墙的修筑多是因地制宜,充分利用不同的地形、地貌,将山地防御与济水防御、黄海防御连为一体。在山地防御的冲要地方,多会筑城、设关。如位于莱芜境内的青石关是齐国首都临淄的南大门,素有"齐鲁第一关"盛名。同在莱芜境内的锦阳关,又名通齐关,是齐国重要军事要塞。又如位于临朐县与沂水县交界的穆陵关,地处大岘山峡口处,地势峻险,有"齐南天险"之称。

巍峨壮丽的齐长城绵延起伏，犹如一条伏卧于崇山峻岭中的巨龙，横穿了山东全境，将黄河、泰山与黄海勾连贯通，构筑了一道独具特色的千里风景线。

（六）银雀山汉墓

1972年4月10日，山东省临沂银雀山西南麓发现两座西汉古墓，定为银雀山一号、二号墓。结合墓中出土的"半两钱""三株钱"，推断两座墓的年代为公元前179年至公元前118年间，是汉武帝时期的墓葬。两座墓中发掘出完整简、残简4942枚，其中涉及大批兵书典籍，引起国内外学术界的广泛关注。

汉墓出土的竹简长短不一，皆属早期隶书。一号墓中的竹简以长27.6厘米为主，包括《孙子兵法》《孙膑兵法》《六韬》《尉缭子》和《墨子》《管子》《晏子春秋》《相狗经》《曹氏阴阳》等先秦古籍。同时出土的还有两件漆耳杯，底部刻有隶书"司马"二字，多数研究者认为是一号墓主人的姓氏。二号墓出土的竹简较少，简以长69厘米为主，共有32枚，内容为《汉武帝元光元年历谱》，是我国现存最早、

银雀山汉简（现藏山东博物馆）

也是最完整的古代历谱。同时出土的还有一个刻着"召氏十斗"四字的陶罐，"召氏"一般也被视为二号墓主人的姓氏。

银雀山汉简整理成果的公布，具有重要的历史价值和学术价值。特别是《孙子兵法》和《孙膑兵法》的出土，解决了历史上关于孙武与孙膑其人其书的论争。而《六韬》《尉缭子》《晏子春秋》等书，自唐宋以来就被疑为后人假托的伪书，此次发掘证实了以上书籍在西汉前期已经传世，并非伪书。

（七）龙兴寺遗址

1996年10月，青州龙兴寺遗址出土了各类佛教造像400余尊，受到国内外学界普遍关注。龙兴寺始建于刘宋泰始二年（466），至北齐时期逐渐兴盛，成为青州地区的著名寺院，有"正东之甲寺"的称号。元朝末年，龙兴寺毁于兵乱，残余寺院建筑也在明初消失。

龙兴寺遗址出土的佛像最早可追溯到北魏永安二年（529），最晚截止于北宋天圣四年（1026），历经北魏、东魏、北齐、北周、隋、唐、北宋几个朝代，近500年的历史，其中尤以北魏、北齐时期佛像数量最多，形体最大。出土佛像主要以高浮雕的背屏式造像和

东魏贴金彩绘石雕菩萨立像（现藏青州市博物馆）

单体圆雕造像为主，大到310多厘米的背屏式造像，小到20厘米左右的单体造像，大都保留着原初的彩绘和贴金。

值得关注的是，东魏、北齐的几尊佛像上出现了带颜色的人物故事画面，是极为珍贵的"卢舍那法界人中像"。此种佛像多保存于石窟壁画、木版画和绢画中，在单体圆雕石造像上绘制法界形象非常少见，尤为珍贵。龙兴寺遗址佛教造像的出土，证实了古代青州地区佛教文化的兴盛，见证了齐鲁文化辉煌的历史，为研究佛教在中国的传播、发展提供了重要的实物资料。

第三节　设计精致的古建筑

山东地区拥有众多的古建筑资源。1982年至今，山东省被批准为国家级历史文化名城的有曲阜、济南、青岛、聊城、邹城、临淄、泰安、蓬莱、烟台、青州十座城市。这些闻名中外的历史文化名城，保存了大量设计精致的古建筑，是展现齐鲁文化历史面貌的重要载体。如闻名于世的曲阜三孔、泰安岱庙，皆被列入中国四大古建筑群，又如济南的灵岩寺和神通寺、聊城的光岳楼和山陕会馆、烟台的蓬莱阁和牟氏庄园、邹城的四孟等建筑各有特色，是齐鲁地区古代建筑艺术辉煌成就的历史见证。山东地区的古建筑多以木结构建筑为主，工艺技艺精致巧妙，具有丰富的文化底蕴和历史价值，是推进文化旅游的重要资源。

（一）文化圣地：三孔

"三孔"指山东曲阜的孔庙、孔府、孔林，是历代文人纪念朝拜孔子的圣地。曲阜孔庙，又称"阙里至圣庙"，是祭祀孔子的祠庙，始建于鲁

曲阜孔庙大成殿

哀公十七年（前478），后经历代增修扩建基本形成了如今九进庭院的宏大规模，被建筑学家梁思成称为世界建筑史上的"孤例"。现今的孔庙沿一条南北中轴线展开布置，庙内有五殿、一祠、一阁、一坛、两堂、十七碑亭、五十三门坊。奎文阁位于孔庙中部，始建于北宋天禧二年（1018），是专用于藏书的一座木质楼阁，阁内有二层阁，中间夹有暗层，属层叠式构架，建筑结构独特。

大成殿是孔庙的主体建筑，唐时称文宣王殿，宋徽宗时改称大成殿，取"集古圣先贤之大成"之意。殿面阔九间，进深五间，四周廊下环立二十八根雕龙石柱（十根深浮雕龙柱和十八根浅雕龙纹柱），盘绕升腾，精美绝伦。殿正中供奉着孔子塑像，分侍左右和两侧的是"四配"（复圣颜子、宗圣曾子、述圣子思、亚圣孟子）和"十二哲"（闵损、冉耕、冉雍、宰予、端木赐、冉求、仲由、言偃、卜商、颛孙师、有若、朱熹）像龛。孔庙建筑群布局规整，气势宏伟，是集建筑、园林、雕刻、绘画等于一体的珍贵的历史文化遗产。

孔府，又称"衍圣公府"，位于孔庙东侧，是孔子嫡系长期居住的府第。孔府共九进院落，包括厅、堂、楼、轩等463间，整体建筑沿着中轴线分三路布局。孔府的主体部分在中路，沿用了传统的前堂后寝制度，前为官衙，有三堂六厅，后为内宅，有前上房、前后堂楼、配楼、后六间等建筑，最后为花园，是典型的官衙与内宅合一建筑。

孔林，又称"至圣林"，位于曲阜城北1.5千米处，是埋葬孔子及其后裔的家族墓地。鲁哀公十六年（前479），孔子去世后，弟子们把他葬于此地，并"各从四方持奇木来植"。如今孔林内有柏、桧、柞、榆、槐、楷、朴、枫、杨、柳等树木几十种，约十万余株，称得上是一座人造植物园，是我国现有规模最大、持续时间最长、保存最完整的一处宗族墓地。

（二）华夏名山第一庙：岱庙

泰安岱庙，又称"东岳庙""岱宗祠""泰山庙"等，位于山东省泰安市泰山南麓，是历代帝王举行封禅大典和奉祀东岳大帝泰山神的主要场所。岱庙始建于汉，拓建于唐宋，后经多次维修基本保持了宋代规模，现存古建筑150余间。

天贶殿是岱庙的主体建筑，为东岳泰山神的宫殿，始建于北宋大中祥符二年（1009）。殿面阔九间，进深五间，坐落于2.65米高的双重台阶之上，殿顶为重檐歇山式，采用帝王宫城的样式风格，覆盖黄色琉璃瓦，同北京故宫的太和殿、曲阜孔庙的大成殿，并称为中国三大宫殿式建筑。

殿内保存有巨幅壁画《泰山神启跸回銮图》，图长62米，高3.3米，以大殿分门为界，分为"启跸"和"回銮"两部分，绘有近700名人物及各类珍禽异兽、山石树木、宫殿楼阁等，生动呈现了东岳泰山神出巡和返回时浩浩荡荡的壮观场面，堪称泰山人文景观一绝。

岱庙是泰山文化的重要载体，蕴藏着丰富的封禅文化和民俗文化。岱

泰安岱庙天贶殿

庙内现存文物数量众多，尤其是碑碣林立，除"天下第一名刻"《秦泰山刻石》外，还有秦汉以来的180余块历代碑刻和48块汉画像石，是继西安、曲阜之后的第三座碑林，是一座不可多得的艺术宝库。

（三）"海内四大名刹"之首：灵岩寺

灵岩寺，坐落于泰山西北麓长清区境内，与浙江天台国清寺、南京栖霞寺、湖北江陵玉泉寺并称"域中四绝"，素有"登泰山不游灵岩，不成其游"之说。灵岩寺始建于前秦皇始元年（351），开山祖师为朗公和尚。相传朗公在石旁讲法，听者千余人，石为之点头，遂取名曰"灵岩"。

千佛殿是灵岩寺的主殿，始建于唐代，现为明代嘉祐年间重建，是寺内保存下来的最早木构建筑。殿内中央有通体贴金的铜铸三尊佛像，周壁有数以千计高30厘米的小佛，由此得名"千佛殿"。最为人称道的是，殿内摆放着被称为"海内第一名塑"的40尊彩色泥塑罗汉像（其中的32尊塑

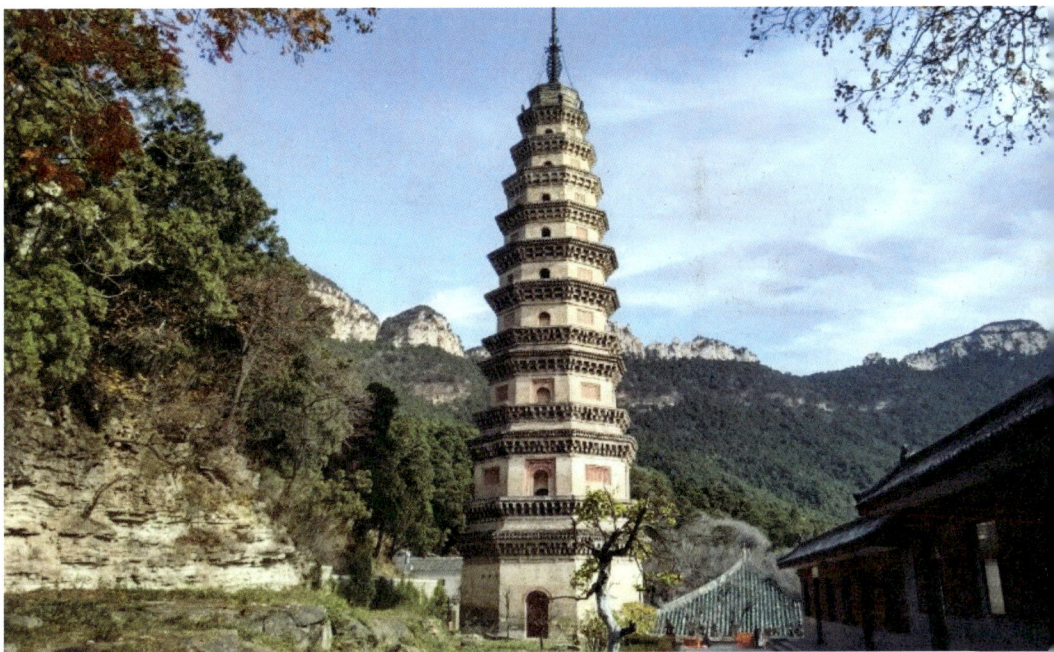
灵岩寺辟支塔

于宋代，8尊补塑于明代）。这些身高1米至1.2米的罗汉，坐于80厘米高的砖砌束腰座上，神态各异，动作多样，反映出不同的个性与特点，是罕见的艺术珍品。书画大师刘海粟观后赞曰："灵岩名塑，天下第一，有血有肉，活灵活现。"

（四）"中国古代四大名楼"之一：蓬莱阁

蓬莱阁，坐落在烟台市蓬莱水城景区内，地处蓬莱城北的丹崖山上。古建筑迎面与浩茫的大海交相辉映，云烟缭绕，若隐若现，素以"人间仙境"声名远播，与湖南岳阳楼、湖北黄鹤楼、江西滕王阁并称为中国古代四大名楼。

蓬莱阁始建于北宋嘉祐六年（1061），明清时屡加整修，基本保持了北宋原貌。蓬莱阁建筑群包括天后宫、龙王宫、蓬莱阁、吕祖殿、三清殿、弥陀寺六个单体和祠庙殿堂、楼阁、亭坊等附属建筑。蓬莱阁主楼位于天后宫西北丹崖绝顶，为双层木结构楼阁建筑，高15米，二层阁内北壁

蓬莱阁建筑群

正中高悬清代书法名家铁保所书"蓬莱阁"巨匾，内木质梁柱彩绘"蓬莱十大景""八仙图""风竹图"等图案，栩栩如生。

蓬莱阁是神话世界的瑰宝，有"八仙过海"传说和"海市蜃楼"奇观。北宋元丰八年（1085），苏轼来此为官，虽匆匆五日，却有幸看到令人神往的海市奇观，欣喜之余写下著名的《海市诗》，使丹崖仙阁名闻遐迩。蓬莱阁是山海珠联璧合的艺术盛宴，凝聚了中国古典建筑艺术的精华，堪称海上园林的典范。

（五）江北第一名楼：光岳楼

光岳楼，又称余木楼、东方楼、东昌楼、鼓楼等，位于国家历史文化名城——聊城市中心。明洪武七年（1374），时任东昌守御指挥金事的陈墉在修固城池的同时，利用剩余木料建造了这座鼓楼，遂有"余木楼"的称谓。明弘治九年（1496)，李赞路过东昌府时，见到此楼气势非凡，感叹

"斯楼，天下所无，虽黄鹤、岳阳亦当望拜"，又因此楼已立百年却寂寞无名，遂与太守商议，"取其近鲁有光于岱岳"之意，命之"光岳楼"，沿传至今。

整座建筑高33米，布局紧凑，四门上有石刻横额：东曰"太平"，西曰"兴礼"，北曰"武定"，南曰"文明"。康熙帝曾四次登临光岳楼，亲笔御题"神光钟暎"，悬于二楼南檐下。乾隆帝七下江南，六次登上光岳楼，先后赋诗十余首，现存一通御诗碑立于一楼廊下。1974年11月，为纪念建楼600周年，郭沫若重新题写了"光岳楼"匾额。丰子恺题写了楹联："光前垂后劳动人民智慧无极，岳峻楼高强大祖国文物永昌。"

光岳楼是现存古代建筑中最古老的木结构楼阁之一。据文献记载，明、清、民国时期，光岳楼进行了十余次维修，大体保存了宋、元时期建筑风格。饱经沧桑的光岳楼不仅见证了聊城运河的发展史，还记载了600余年政治、军事、文化的变迁历程，具有重要的研究价值。

聊城光岳楼

（六）北方庄园建筑的代表：牟氏庄园

牟氏庄园，位于山东栖霞北郊古镇都村，是目前我国北方规模最大、保存最完整的地主庄园，带有典型北方民居艺术特色的古建筑群落，被誉为"百年庄园之活化石"。

牟氏庄园始建于清雍正时期，经牟墨林及其后裔的不断增修扩建，至民国二十四年（1935）基本建成。现存规模东西约158米，南北约148米，保存厅堂楼厢480多间，占地近2万平方米。庄园的设计依照北方传统四合院形式布局，分为三组六院。六院自立堂号，分别为"东忠来""西忠来""日新堂""宝善堂""师古堂"及"南忠来"，各院沿南北中轴线布置门楼、前厅、客厅、寝楼、东西厢房，形成多进院落的结构形式，层次清晰，主次分明。

最为人称道的是庄园独特的建筑工艺，有"三雕""六怪""九绝"之说，像色彩斑斓的"虎皮墙"，凌空耸立在山墙外的"烟囱"，精美绝伦的"制钱莲花图""莲生贵子"图案等，融合了南北方建筑艺术风格，增加了建筑的艺术魅力和审美趣味。以"西忠来"为例，高耸的门楼上刻"耕读世业，勤俭家风"饰金对联，门簪上雕刻"琴棋书画"图案，门外两侧

栖霞牟氏庄园局部

120

分列一对精致的石鼓，上有浮雕——"福禄寿喜""麒麟送子""刘海戏金蟾""姜太公钓鱼"，栩栩如生。富有特色的装饰造型在同类民间建筑中独树一帜，具有极高的艺术价值和丰富的文化内涵。

结语　历史文化遗存遗址里的文化自信

习近平总书记在2020年中共中央政治局第二十三次集体学习时强调："做好出土文物和遗址的研究阐释工作，把我国文明起源和发展以及对人类的重大贡献更加清晰、更加全面地呈现出来。"山东地区历史悠久，文化遗物遗址资源丰富，列入省级以上文保单位的多达1968处，居全国首位。在漫长的历史发展进程中，这些别具特色、极为珍贵的文物遗产蕴含着丰富的文化资源和精神滋养，是5000多年来山东地区先民们奋斗历程的历史见证。

（一）见证悠久历史，传承文明基因

历史文物和文化遗产承载着中华民族的基因和血脉，有助于揭开古老文明的神秘面纱。如1981年9月发现发掘的沂源猿人遗址，有力证实了山东地区是中华文明重要的发祥地之一，纠正了国际上"现代人6万年前才从非洲扩散到欧亚大陆"的观点。沂源猿人成为山东地区最早的古人类，和"北京猿人"大致处于同一时期，见证着山东悠久的文明史。再如大汶口文化中萌态可掬的红陶兽形壶、龙山文化中工艺精湛绝伦的蛋壳黑陶杯，唤起了当代人对上古文明的无尽想象。这些不可再生、不可替代的珍贵文物，用无声的语言传递着历史的记忆和文明的基因，昭示着古老中华文明的绚烂多彩。

（二）构建文明序列，增强文化认同

中华文明是世界上唯一没有中断的文明，具有突出的连续性。经过几代考古工作者的不懈努力，齐鲁大地上构建起了完整的文明发展序列，可见证中华文明的发展演进历程。如最早的古人类沂源猿人，依新测年法重新确定年代为距今 64 ± 8 万年。此后的蒙阴长山孙家麻峪遗址（距今 20 万—30 万年）、沂水跋山遗址（距今 6 万—10 万年）、赵家徐姚遗址（距今约 13200 年）、沂源扁扁洞遗址（距今 12000—9000 年）、后李文化（距今 8500—7500 年）、北辛文化（距今 7500—6100 年）、大汶口文化（距今约 6100—4500 年）、龙山文化（距今 4500—3900 年）、岳石文化（距今 3900—3500 年）等，相继在齐鲁大地上拉开帷幕。绵延不绝的璀璨文化，相映生辉，成就了一曲美妙的文明乐章，为增强文化认同做出了"山东贡献"。

（三）用"活"文化遗存，坚定文化自信

作为不可再生的珍贵文物，不仅属于历史，更属于当下和未来。时至今日，随着现代城市文明的发展，这些古老的最具齐鲁特色的文化遗存日益成为其所在城市的一张亮丽名片。站在新的历史起点上，在强化文物保护利用和文化遗产保护传承的同时，理应将文物保护、文化遗产与文旅发展、景观建设等相结合，走"可持续"的发展思路，通过讲好文化遗存的故事，让收藏在博物馆里的文物、陈列在广阔大地上的遗产"活"起来，让历史文化遗存遗址真正融入现代经济社会发展，焕发出新的活力，成为延续历史文脉、坚定文化自信的重要精神支柱。

历史文化遗存遗址的背后，承载着历史的发展脉络，彰显着文明的无限魅力，是助推文化自觉、增强文化认同、坚定文化自信的重要依托。新时代的我们走在中华民族伟大复兴的道路上，用活文化遗产，对于凝聚民族力量，促进文旅融合，助力城市高质量发展，具有重要的时代价值和社会影响。这就要求我们：

加强遗址保护。历史文化遗存遗址体现了先民们的创造力和审美力，蕴含着中华民族厚重的历史基因和独特的文化底蕴，因而要积极推进文物保护法的修改完善，健全文物法律法规体系。

服务文旅融合。围绕山东16市的特色文化遗产，打造亮点文旅工程，借助短视频等新媒体形式，讲述遗址、景观、文物的前世今生，在文化旅游过程中深切感受中华文化的博大精深，实现文化遗产的活态利用，增强民族自豪感和文化自信心。

注重传承和宣传。在全面研究中华文明历史的基础上，深入挖掘遗存遗址背后的文化内涵，将其作为加强国家历史、民族文化的教育宣传的重要素材，融入中小学的教学之中，推动中华优秀传统文化在新时代的创造性转化与创新性发展，推进文化的自信自强。

推进齐鲁文化遗产"走出去"。文明因多样而交流，因交流而互鉴，因互鉴而发展。积极推进齐鲁文化遗产"走出去"，在与世界文明的交流互鉴中，提升齐鲁文化的影响力。

山东先民创造了辉煌灿烂的齐鲁文化。众多文化遗产是其所在城市生存与发展的根与魂，其中承载着中华民族悠久的历史和灿烂的文化，为延续历史文脉、增强文化自信提供动力和支撑，为中华民族的伟大复兴提供磅礴的精神力量。

第六章

红色文化资源富集

　　红色文化资源是中国共产党人艰辛奋斗的历史见证，是极为宝贵的精神财富。山东是具有光荣传统的革命老区，红色文化资源富集，红色文化遗址、遗存数量众多，在波澜壮阔的革命历史进程中，铸就了伟大的沂蒙精神。近年来，山东以习近平总书记关于做好红色基因传承的系列重要讲话为指引，自觉扛起弘扬红色文化、传承红色基因的使命担当，着力打造沂蒙、胶东、渤海、鲁西等四大红色文化片区，推动山东红色遗址保护与建设，传承弘扬沂蒙精神等革命精神，以坚定的文化自信谱写讲好红色故事的山东篇章。

第一节　四大红色文化片区

　　山东革命历史波澜壮阔、熠熠生辉，红色文化资源丰富，呈现集中分布的特点。近年来随着保护传承力度不断加大，已形成沂蒙、胶东、渤海、鲁西等四大红色文化片区。这些文化片区承载着齐鲁大地革命先烈的理想信念，串联起山东革命的红色记忆，展现出跨越时空的精神力量。

（一）军民同心　亲情沂蒙

　　蒙山苍苍，沂水汤汤。沂蒙地区以蒙山和沂水为地域标志，北接华北，南联华中，有"逶迤八百里沂蒙，巍巍七十二崮"之说。

　　抗日战争时期，沂蒙地区是山东抗日根据地的政治、军事中心，中共中央山东分局、山东省战时行政委员会、八路军山东纵队、第115师司令部等领导机关长期驻扎于此；华东局、华东军区、华东野战军、山东省政府也都在沂蒙地区成立；刘少奇、陈毅、罗荣桓、徐向前、粟裕等老一辈革命家也曾工作、生活、战斗在这片土地上。解放战争爆发后，国民党军队大举进攻山东解放区，沂蒙军民奋起反击。由毛泽东指示，陈毅、粟裕指挥的孟良崮战役，全歼国民党"五大主力之首"的国民革命军整编第七十四师，一举扭转了华东战局。

　　沂蒙这片红色土地上的故事，可歌可泣，催人泪下。从全民族抗战到解放战争年间，沂蒙老区420万人口有120万人拥军支前，21万人参军参战，10万人血染疆场。这里有"一门三英烈"的刘永良，有杀出沂蒙军民铮铮铁骨的渊子崖保卫战，有头碗饺子祭英烈的红色年俗，还有送夫支前、送子参军，筹军粮、缝军衣、做军鞋，舍生忘死救伤员，不遗余力抚养革命后代的沂蒙红嫂；"最后一尺布做军装，最后一口粮作军粮，最后一个儿子送战场"，是沂蒙人民一心向党的真实写照……沂蒙革命斗争波澜壮阔、感人至深，党群军民共同经受"血与火"的严峻考验，共同谱写了军民鱼水情深的动人篇章，铸就了一座彪炳千秋的精神丰碑。陈毅元帅曾经含泪说："我就是躺在棺材里也忘不了沂蒙山人。他们用小米供养了革命，用小车把革命推过了长江！"

（二）红色热土　铁血胶东

胶东地区资源丰富、水陆交通便利，是山东红色革命的发祥地之一，也是中国红色革命最早的区域之一。1920年春，烟台海军学校学生李之龙、郭寿生组织成立读书会，不久成为李大钊等发起组织的北京大学马克思学说研究会成员，是胶东宣传马克思主义的带头人。以此为开端，胶东党员人数发展到数百名，星星之火迅速燎原。

胶东人民武装创建早、发展快、实力强。1935年中共胶东特委领导的中国工农红军胶东游击队，是山东唯一一支坚持到抗战全面爆发的红军队伍，也是我党在北方沿海地区保留下来的唯一一支红军队伍。抗日战争时期，中共胶东特委和掖县县委领导发动了天福山、威海、玉皇顶等一系列抗日武装起义，相继成立了"山东人民抗日救国军第三军"和"胶东抗日游击第三支队"，后来整合成为八路军山东人民抗日游击队第五支队。解放战争时期，以中共中央的战略方针为指导，为粉碎美军登陆烟台的企图，胶东军民通过"外交＋军事"的斗争方式保住了通向东北的海上"生命线"。1947年，蒋介石对胶东解放区展开进攻，胶东军民组织了以弱胜强的胶东保卫战，毛泽东多次通过电报进行战役布置，许世友、谭震林率华东野战军东线兵团经过五个月的浴血奋战，彻底粉碎了国民党军对山东解放区的重点进攻，从根本上改变了山东战场的战略态势。

胶东军民为争取民族大义和人民解放而担当奉献，艰苦卓绝的战斗见证着他们的勇敢与智慧。雷神庙战斗打响胶东抗战第一枪，指战员以一当十，沉着应战，以劣势装备抗击数倍于己且装备精良的敌人，打退了敌人的数次进攻，再次打破了日军不可战胜的神话；地雷战令日寇闻风丧胆，英勇的海阳人民创造性地开展了以地雷战为主要形式的群众性游击战争，涌现出赵守福、于化虎、孙玉敏3名全国民兵英雄；"红色乳娘"在日军残酷扫荡中为前线的八路军将士哺育后代，1223名乳儿无一伤亡；诞生在地道中的西海地下医院，挽救了2000多名伤员的生命，创造了敌后战场的救护奇迹。许世友"打红胶东半边天"、"孤胆英雄"杨子荣、"昆嵛英雄"于得水的故事传遍祖国大地，在胶东这片红色热土上写下不朽的篇章。

（三）战略后方　丹心渤海

渤海革命老区具有长期的革命斗争历史和光荣传统，是中国共产党开展活动较早的地区之一，是革命战争年代中国共产党领导的重要抗日根据地和解放战争后期山东三大战略区之一。

抗日战争时期，在冀鲁平原开展抗日游击战争是渤海区军民抗日救亡的重点，并以此为基础开创了以黄河入海口为中心的垦区抗日根据地。1942年6月，日伪军对冀鲁边区进行了空前规模的大"扫荡"，根据地遭受重大损失，根据刘少奇同志的重要指示，边区军民采取化整为零、分散隐蔽、敌进我进、灵活多样的斗争策略，不断打击敌人，形势才逐渐好转。

解放战争时期，富有光荣革命传统、具有高度革命觉悟的千万渤海区党政军民，掀起了规模空前的支援前线和大参军热潮，光荣地承担起了华东解放区大后方的重任。1947年3月，蒋介石大举进攻山东，陈毅、

华东军大与华东局、华东军区部分负责同志，左四为华东军区副司令员兼军大校长张云逸

粟裕率华野部分部队进驻渤海区阳信县何家坊一带，张云逸、邓子恢、舒同等领导同志率领华东局、华东军区所属部分机关，分别转移到渤海区黄河以北阳信县一带。同时，华东局部分党政干部和野战军兵站、医院、后勤机关、荣军学校、鲁南、鲁中区党委所属部分机关，还有大批伤病员、伤残军人、干部家属和随军民工，苏北、淮北地区的部分人员，以及经渤海区转入鲁西南地区作战的华野六纵等部，共40万余人转移至渤海区。

渤海区开展了轰轰烈烈的大支前运动，以大量人力、物力、财力支援了人民战争，为前方的胜利做出了不可磨灭的历史贡献。解放战争一开始，保障前方作战部队的物资供应就是整个支前工作的中心任务，渤海区党委充分发动人民群众，全力为前线募集粮草、食物，制作被服鞋袜、生活用品，生产和运送武器弹药等。同时，近20万渤海子弟兵参军参战，成为解放战争的巨大兵源地；支前民工达81.9万人次，一支又一支的支前大军源源不断地奔赴前线，成为华东战场的大粮仓、大后方。"一串小车一条龙，吱悠吱悠向前游，一天走不断，一眼望不到头""碾磨一起转，米面送前线，打倒蒋介石，粮食是子弹"，这些生动朴实的民间歌谣真实地反映了渤海地区"车轮滚滚"支援前线的场景。

解放战争时期，渤海区人民车轮滚滚踊跃支前

（四）星火再燃　峥嵘鲁西

鲁西地区位于晋、豫、冀交界处，是连接华北、华中、华东和太行的重要战略枢纽，自古是兵家必争的战略要地，刘伯承、邓小平等许多革命家曾经在鲁西地区留下战斗、生活的足迹。

中国共产党创立初期，鲁西地区是山东省较早传播马克思主义和建立党组织的地区之一，率先建立了鲁西北第一个基层党组织和鲁西中共第一个县委。1928年1月，在中共山东省委和东昌县委领导下，共产党员杨耕心争取了韩建德、王朝举掌握的绿林武装数十人，又组织部分农会会员，举行坡里农民暴动。同年1月14日，韩建德带领几十人扮成教徒趁"晚祷"之机，占领坡里天主教堂。东昌县委随即发表了武装起义的革命文告，揭露军阀的反动统治，提出"实行民权、民选政府"的政治主张，同时开仓放粮，救济贫民。坡里农民暴动是中国共产党领导的山东省最早的一次农民革命，这次起义极大地震慑了反动统治阶级，使饱受欺压的劳苦大众看到了希望，是党领导农民战争的一次重要尝试，为鲁西地区后来革

131

命斗争的发展打下了基础，具有重大的政治意义。

山东省委也在鲁西地区艰难地恢复和发展起来。徐庄村，地处鲁西、冀鲁豫三省交界处，这里历史悠久，民风淳朴。20世纪30年代，中共河北省委代表、直南特委书记黎玉在徐庄党支部蹲点，组织领导农民游击队，开展分粮吃大户斗争。与此同时，中共山东省委先后多次遭到敌人的严重破坏，大批共产党员遭到迫害，山东地区党组织与中央失去联系。时任山东省工委组织部部长、济南乡师党支部书记赵健民听说徐庄一带有党组织的活动，先后两次骑自行车行程500余华里来到徐庄支部，终和黎玉会面，从而重建了山东省委，恢复发展了山东各地党组织，在山东党史上具有里程碑意义。1936年5月，中共中央北方局任命黎玉同志为山东省委书记，赵健民同志为组织部部长。从此，山东省党组织得到了恢复和发展，在这一过程中徐庄村党支部发挥了重要的作用，因此被称为"鲁西第一党支部"。山东省委的恢复重建是山东省党组织发展史上的重大转折，为山东省革命事业的发展开启了新篇章。

坡里暴动旧址

第二节　革命文物与革命遗址

革命文物是革命根脉，革命遗址遗迹是红色文化传承最鲜活、最生动的载体。习近平总书记指出："革命文物承载党和人民英勇奋斗的光荣历史，记载中国革命的伟大历程和感人事迹，是党和国家的宝贵财富，是弘扬革命传统和革命文化、加强社会主义精神文明建设、激发爱国热情、振奋民族精神的生动教材。"近年来，山东在全国率先完成对革命文物的全面调查统计，先后公布两批革命文物名录，认定不可移动革命文物1040处，可移动革命文物19433件（套），推动革命文物保护利用工作高质量发展取得新成效。

（一）唯一保存在农村党支部的《共产党宣言》中文首译本

1848年发表的《共产党宣言》，是马克思、恩格斯为世界上第一个马克思主义政党——共产主义者同盟起草的纲领，揭示了"资产阶级的灭亡和无产阶级的胜利是同样不可避免的"历史大趋势，阐明了共产党的性质和历史使命。十月革命一声炮响，给我们送来了马克思列宁主义。1920年8月，陈望道翻译的中文首译本《共产党宣言》在上海出版，这本仅有两万多字的翻译稿，影响了整个中国未来的命运。

1921年，王尽美、邓恩铭将陈望道翻译的首译本《共产党宣言》带回了山东。1925年9月，刘雨辉加入了中国共产党，她经常参加党的活动，这本《共产党宣言》辗转到了她的手里，她深知这本小册子对于中国共产党人的意义。1926年，刘雨辉带着这本《共产党宣言》回到了老家广饶县刘集村，把它交给了刘集党支部第一任书记刘良才，叮嘱他一定要保管好。

保存在广饶县大王镇刘集村的《共产党宣言》复印本

1927年大革命失败后，白色恐怖笼罩全国，《共产党宣言》被国民党列为"非法禁书"，刘良才冒着生命危险，把书藏起来，躲过敌人无数次搜查。1931年2月，刘良才接到省委命令，赴潍县任县委书记。临行前，他把这本书转交给了当时的支部委员刘考文保存。随着革命斗争形势的恶化，刘考文预感到自己可能被捕，又把这本《共产党宣言》转交给了共产党员刘世厚。之后不久，刘考文被捕，刘良才牺牲。1941年，发生了惨绝人寰的"刘集惨案"，原本已经逃出村的刘世厚冒着生命危险，冲回村里，从墙缝里取出珍藏着《共产党宣言》的竹筒，将其视若珍宝般地保存了几十年。

1975年秋天，广饶县文管会到刘集村征集文物，84岁的刘世厚将《共产党宣言》捐赠给了国家。

目前，这本《共产党宣言》保存在山东省东营市广饶县历史博物馆，系平装本，长18厘米，宽12厘米，书面印有水红色马克思半身像，上端从右至左模印着"社会主义研究小丛书第一种"，上署"马格斯、安格尔斯合著""陈望道译"，全文用5号铅字竖排，计56页。封底印有"一千九百二十年八月出版""定价大洋一角"字样，印刷及发行者是"社会主义研究社"，这是唯一保存在农村党支部的《共产党宣言》中文首译本，也是迄今为止发现的唯一由农村党组织传播、使用和保存的珍贵文献，属国家一级革命文物。

（二）"胶东抗日第一枪"——天福山起义遗址

山不在高，有仙则灵。天福山位于山东威海文登区城以东20公里处，海拔约110米，主峰老崮顶高369.3米，自古就有"天赐福地"之称，著名的天福山起义就发生在这里。

1937年12月24日，胶东特委书记理琪等同志登上天福山，宣布举行抗日武装起义，宣告山东人民抗日救国军第三军成立。

1938年2月3日，日军侵占烟台后，又侵占牟平县城，建立了伪政权。为了打击日军的嚣张气焰，2月13日，中共胶东特委领导的山东人民抗日救国军第三军向牟平城进发，速战速决，旗开得胜。战斗结束后，理琪等指挥部领导在牟平城南雷神庙开会研究下一步行动。驻守烟台的日军接到牟平县城被袭的消息后，迅速赶到，而第三军负责阻击和警戒任务的战

雷神庙里中了 138 枪的铁板

士，由于缺乏战斗经验，未能及时向指挥部发出警报，日军得以迅速将雷神庙四面包围。由于日军火力凶猛，第三军战士几次突围都没能成功，最后只好以周围的建筑物作掩护，与日军展开激战。理琪指挥队员们分成几组，把守大门、正殿、厢房等，互相配合，构成交叉火力，向敌人猛烈射击，连续打退敌人数次进攻。敌人因久攻不克，便放火烧房，雷神庙南倒厅被烧塌，战士们转移到东西厢房继续战斗，坚守阵地。直到天黑，支援部队赶来，日军不敢恋战，匆忙撤退。

雷神庙之战，从午后打到晚上，20多名干部、战士以粗劣武器抵抗100多名日本海军陆战队员8小时，毙伤日伪军50余人，击落飞机1架，再一次打破了日军不可战胜的神话，打响了胶东抗日第一枪。不幸的是，在战斗中，司令员理琪、大队长杜梓林中弹牺牲。

1974年，天福山起义纪念馆建成。天福山革命遗址先后被确定为全国爱国主义教育示范基地，国家级抗战纪念设施、遗址，成为全国关心下一代党史国史教育基地。2007年，天福山起义70周年之际，中共中央军委原副主席张万年和迟浩田分别题词"继承光荣传统，构建和谐社会""文登学源远流长，天福山丰碑永存"。

（三）山东省内发现的最早党旗

党旗是党的象征。在山东省临沂市沂水县档案馆有一面诞生于1939年的党旗，如今是沂水县档案馆的"镇馆之宝"。

20世纪20年代，随着马克思主义在沂蒙山区传播，沂蒙山区发展了第一批土生土长的共产党员。1939年春天，山东分局妇委干部赵煜琴翻越莲花山，来到距离山东分局驻地约4公里的沂水县泉庄镇马头崖村。在村外一个偏僻之处，赵煜琴将这面党旗连同一张毛泽东画像和一份誓词交给刘洪秀，要求村里的新党员入党时要在党旗下宣誓，并嘱咐说这面党旗"许用不许丢"。

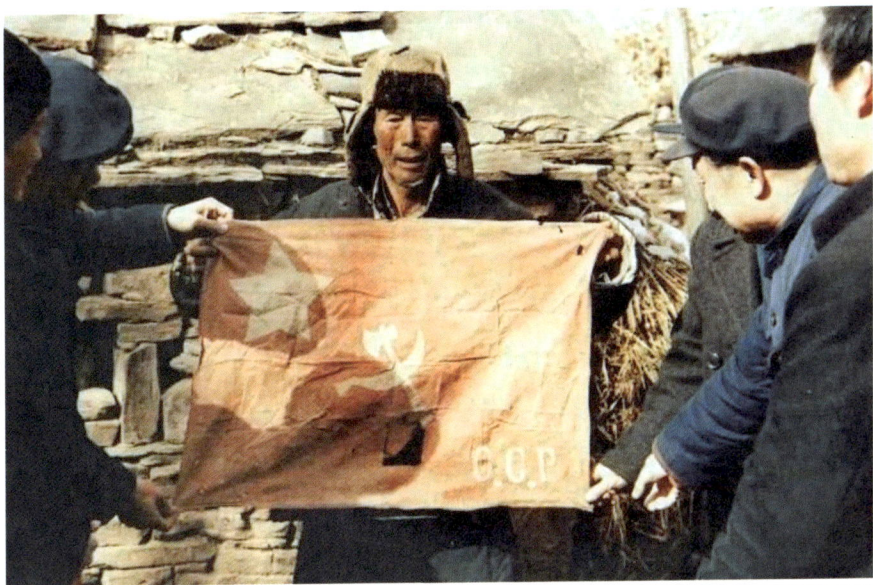

刘洪秀老人与用生命守护的党旗

　　当年冬天，在这面党旗下，这个不足200户的小山村，先后分两批发展了54名党员，并且党员的发展范围逐步由马头崖村扩大到杨家峪、塔井峪、松柏崖、石棚等村。火红的党旗引导着他们成为各村抗战的带头人。抗日战争中，日伪军三番五次地对沂蒙抗日根据地进行"扫荡"。为了保护好这面党旗，刘洪秀一直把它缝在身上。后来，又将党旗封好，藏在自家附近一个极为隐蔽的山洞里。

　　抗战胜利后，刘洪秀把这面党旗带回了村，发展新党员时，党旗又挂了起来。1989年底，刘洪秀将保存了50年的党旗交给党组织。在进献党旗的仪式上，老人用颤抖的双手一遍一遍地抚摸党旗，双眼泪光闪烁："你要离开我了，几十年来，你就是我的命，有你在就有我在，有我在就有你在。"

　　目前，陈列在沂水县档案馆的这面党旗，呈长方形，长80厘米，宽40厘米，旗面为红褐色，左上方有一颗黄色的五角星，旗的中央偏左上方有一个黄色的镰刀斧头图案，旗的右下方是中国共产党英文名称缩写

"C.C.P"三个黄色英文字母。据山东省文物部门专家鉴定，这面党旗的制式在省内是首次发现，在中国共产党党旗标准样式制定之前，这是省内发现的最早党旗，也是全国目前发现最早的五面党旗之一，更是沂蒙人民"听党话，跟党走"不变信念的写照。

（四）"派兵去山东"——八路军第115师司令部旧址

山东省政府和八路军第115师司令部旧址位于莒南县大店镇，旧址包括原大店庄氏"居业堂"和"四余堂"，整体布局属于大四合院套小四合院的清代建筑结构。

1938年9月，在党的六届六中全会上，毛泽东主席做出了"派兵去山东"的战略决策。同年12月，八路军第115师第685团到达山东湖西地区。1939年3月，八路军第115师师部和第686团在陈光、罗荣桓率领下

八路军 115 师司令部旧址

进入山东。第115师作为八路军三大主力之一，到达莒南后在大店镇建立了司令部。

1945年8月12日，为迎接抗战胜利，接受日寇投降，在莒南县大店镇集合准备赴延安出席全国解放区人民代表会议的38名山东代表，联名提议成立山东省政府，经山东省临时参议会和山东省战时行政委员会第20次联席会议讨论通过。1945年8月13日，中国共产党领导下的全国第一个省政府——山东省政府在莒南县大店镇成立，下设秘书处和民政厅、财政厅、公安总局、实业厅、司法厅、教育厅、卫生总局7个厅局，莒南一度成为山东抗日根据地的党政军指挥中心和文化中心。

从1938年进入山东到1945年抗日战争结束，第115师在山东共进行了2.6万余次战斗，歼灭日伪军50万余人，为抗日战争的胜利做出了卓越贡献。新中国成立后，全国政协原副主席肖华曾说："抗日战争时期，山东的党政军领导机关长期驻扎在莒南，许多重要会议在这里召开，许多重大决策在这里制定，莒南是山东解放区的首府，是山东的'小延安'。"

现在，山东省政府和八路军115师司令部旧址作为全国重点文物保护单位、全国爱国主义教育示范基地、全国第一个妇女爱国主义教育基地，被列入全国红色旅游经典景区名录和国家级抗战纪念设施、遗址名录。

（五）"北有平型关，南有大青山"——大青山战斗遗址

大青山位于费县、沂南县与蒙阴县的交界处，主峰海拔686.2米，是费县、沂南、蒙阴三县交界处的最高峰。在大青山发生的突围战，是山东军民反击日军"铁壁合围"大"扫荡"的一次著名战斗。国务院原副总理谷牧曾感叹道："北有平型关，南有大青山。"

1941年冬，日军大"扫荡"开始后，抗大一分校学员深夜行进至大青山梧桐沟附近宿营，由于行踪被敌人察觉，日军增兵数千人准备合围大青

山地区，而八路军由于情报缺乏，判断有误，仍认为该地区比较安全，将中共中央山东分局、八路军第115师、山东省战工会等党政军领导机关转移到大青山一带。此时，我方所有机关人员和学校学员中，只有师部特务营的两个连队和抗大一分校5大队较有战斗力，其余绝大多数是非战斗人员。八路军及其机关人员与敌人展开殊死搏斗，最终突出重围。

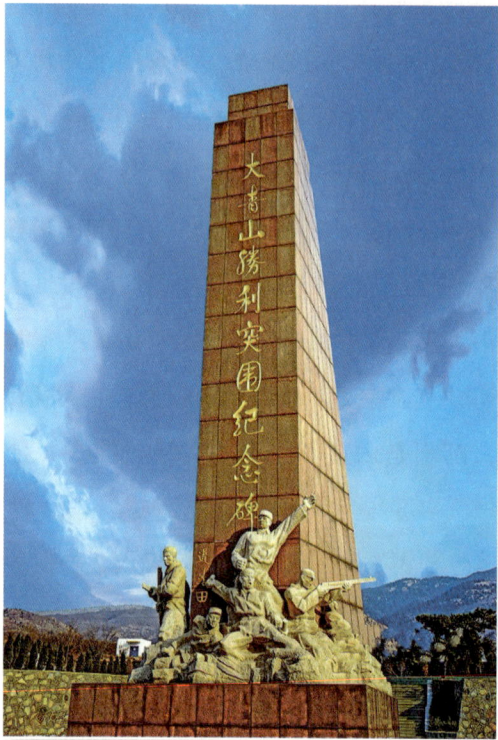

大青山胜利突围纪念碑

在那场突围战中，山东省战工会副主任兼秘书长陈明、国际友人汉斯·希伯、第115师敌军工作部部长王立人、抗大一分校二大队政委刘惠东、蒙山支队政委刘涛等近千人壮烈牺牲，造成了山东抗战史上最严重的损失。其中，山东省委机关报《大众日报》20多名新闻工作者在这次突围战中壮烈牺牲，是世界新闻史上一次牺牲人数最多的战役。时任中共中央山东分局书记朱瑞同志评价这场战斗时说："一场壮烈的拼杀换取了几千人转危为安的空前胜利。这是山东抗战史上抗大人立下的有独特意义的战功。"

2012年11月，大青山突围胜利72年后，费县大青山胜利突围纪念馆在大青山下落成，大青山胜利突围纪念碑碑文和纪念馆馆名均由迟浩田将军亲笔题写。

第三节　红色精神熠熠生辉

（一）王尽美、邓恩铭诠释伟大建党精神

习近平总书记指出："一百年前，中国共产党的先驱们创建了中国共产党，形成了坚持真理、坚守理想，践行初心、担当使命，不怕牺牲、英勇斗争，对党忠诚、不负人民的伟大建党精神，这是中国共产党的精神之源。"王尽美、邓恩铭等共产党人不怕牺牲、英勇斗争，谱写了感天动地的英雄史诗，用自己的热血和生命诠释了伟大建党精神。

王尽美与邓恩铭都是中国共产党创始人，也是山东党组织最早的组织者和领导者，在党的创建和早期革命活动中，做出了卓越贡献。他们在济南成立了山东最早传播马克思主义的阵地——齐鲁书社，创建山东第一个研究宣传马克思主义的秘密团体——康米尼斯特学会（即共产主义学会）；参与创办《泺源新刊》《灾民号》等进步报刊，为党组织创建做了思想准备、干部准备。

从1921年夏起，王尽美、邓恩铭等人先后到津浦铁路济南机厂宣传马克思主义，发放《共产党宣言》和传单，揭露资本家剥削工人的事实。在他们的引领下，山东第一个具有工会性质的工人组织——济南大槐树铁路机厂工人俱乐部成立。1922年7月，济南大槐树机厂1000多名工人举行大罢工并首次取得胜利，这也是中国工运史上的大事件。1923年"二七惨案"发生后，第一次全国工人运动暂时转入低潮，而在山东，在王尽美、邓恩铭等人的努力下，工人运动持续发展。1925年2月，王尽美、邓恩铭领导了胶济铁路全线大罢工，罢工持续9天，并取得胜利。随后，"胶济铁路总工会"成立，这对全国工人运动的复

苏产生了重大影响，被邓中夏称为"异军特起"。

王尽美出席中共一大回到济南后，特赋诗句"尽善尽美唯解放"，从此把他的名字王瑞俊改为王尽美，以此展示他的革命理想。长期地忘我工作与艰苦生活，让他患上了严重的结核病，但是他依然不忘初心，抱病组织领导胶济铁路工人大罢工。逝世前，王尽美在病床上立下了这样的遗嘱："全体同志要好好工作，为无产阶级和全人类的解放和共产主义的彻底实现而奋斗到底！"王尽美战斗在革命的最前线，溘然离世，时年27岁，以生命践行了革命理想。邓恩铭在大革命失败后，毅然担负起领导山东党组织的重任，他曾三次被捕入狱，组织狱中党组织进行过两次越狱，受尽严刑拷打仍坚贞不屈。1931年4月，他与其他21名共产党人在纬八路刑场英勇就义，留下了"不惜唯我身先死，后继频频慰九泉"的豪迈诀别诗。

（二）党政军民共同铸就沂蒙精神

2013年，习近平总书记视察山东时指出："军民水乳交融、生死与共铸就的沂蒙精神，对我们今天抓党的建设仍然具有十分重要的启示作用。"习近平总书记深刻揭示了沂蒙精神的真谛——是我党在百年奋斗历程中与人民群众结成的"党群同心、军民情深、水乳交融、生死与共"亲密关系。

沂蒙精神生动诠释了我们党同人民群众心连心、同呼吸、共命运的血肉联系。在革命战争年代，沂蒙这片红色热土诞生了无数英雄儿女，沂蒙六姐妹、沂蒙母亲、沂蒙红嫂……他们的事迹可歌可泣。淮海战役期间，山东解放区几百万人民群众全力以赴支援前线，舍生忘死跟随部队运送、救护伤员，运输弹药、军粮，做到要粮有粮、要人有人，为革命输送了无穷的力量，是革命胜利最强大的补给线。沂蒙人民用参军参战、奋勇支前最朴实、最无私的行动支援中国共产党领导的革命斗争，不惧流血牺牲，涌现"一门三英""一门四英",甚至"一门七英"的感人事迹,书写了中国革命史上最精彩、最感人至深的篇章。正如毛泽东所评价的:"淮海战役的胜利是一场人民的胜利。"

1927年,沂蒙地区第一个共产党组织——中共沂水支部诞生,自此,许多地方党组织如星火燎原般发展起来。党组织农民运动,与土豪劣绅进行斗争,对抗国民党的"围剿",发动了著名的苍山暴动、日照暴动、龙须崮暴动等,革命火种开始在沂蒙大地熊熊燃烧,最终改变了沂蒙人民的前途命运。1938年,日本军队开始在山东大肆侵掠,党领导的人民军队为了人民利益出生入死、浴血奋战,用生命和鲜血守护沂蒙大地。党爱民、军拥民,共产党帮助沂蒙人民翻身解放、当家作主,沂蒙人民与党同奋斗共进退,毫不犹豫地做出了自己的选择,坚定跟党走。正如当时沂蒙山传唱的一首民谣:"鱼靠水来箭靠弓,抗日要靠毛泽东。船靠舵来屋靠梁,百姓要靠共产党。"

民族歌剧《沂蒙山》剧照

"人民至上"是中国共产党人一以贯之的价值追求，一切为了人民、一切依靠人民，不断造福人民。而沂蒙精神正是"人民至上"理念的生动写照，是中华儿女爱国主义精神的集中展示。

（三）红色精神薪火相传

从王尽美、邓恩铭大无畏的革命精神到党政军民共同铸就的沂蒙精神，这些红色精神代代相传，跨越时空，历久弥新，激励着越来越多的山东儿女投身建设大业。2021年9月，中共中央宣传部发布第一批纳入中国共产党人精神谱系的伟大精神，王杰精神、焦裕禄精神、孔繁森精神被写入其中。

王杰精神是指"一不怕苦、二不怕死"的精神。王杰（1942—1965），济宁市金乡县人。1961年入伍，在部队表现优异，多次受奖。王杰在日记中曾写下这么一句话："我们要一不怕苦、二不怕死，做一个大无畏的人。"1965年7月14日上午，王杰组织民兵进行实爆训练，炸药包突然发生意外即将爆炸，在危急关头，他毅然扑向炸药包，保护了在场的人，而自己却英勇牺牲。王杰的光辉事迹在全国引起了强烈反响，各地掀起了学习、宣传王杰事迹的热潮。毛泽东、朱德等党和国家领导人亲笔为王杰题词，毛泽东的题词是："我赞成这样的口号，叫作'一不怕苦，二不怕死'。"朱德的题词是："学习王杰同志不怕苦不怕死的革命精神。"2017年，习近平总书记在视察王杰生前所在连时指出："王杰精神过去是、现在是、将来永远是我们的宝贵精神财富，要学习践行王杰精神，让王杰精神绽放新的时代光芒。"

焦裕禄精神被习近平总书记概括为"亲民爱民、艰苦奋斗、科学求实、迎难而上、无私奉献"。习近平总书记对焦裕禄同志一直十分崇敬，视为人生榜样。2014年3月，习近平总书记在兰考考察时说："我希望通过学习焦裕禄精神，为推进党和人民事业发展、实现中华民族伟大复兴的中国梦提供强大正能量。"焦裕禄（1922—1964），淄博市博山区人。1962年冬天，焦裕禄来到兰考担任县委书记。他常说，"共产党员应该在群众最困难的时候，出现在群众的面前；在群众最需要帮助的时候，去关心群众、帮助群众"。他是这样说的，也是这样做的。面对兰考自然灾害的肆虐和贫困落后的实际情况，焦裕禄带领全县人民自力更生、艰苦奋斗。他说："我们要有革命的胆略，坚决领导全县人民苦战三五年，改变兰考的面貌，不达目的，死不瞑目。"他带领广大干部群众大力治理风沙、内涝、盐碱"三害"，生活简朴，勤俭办事，亲自起草《干部十不准》，规定任何干部在任何时候都不能搞特殊化。他把为党和人民的事业而奋斗作为人生奋斗目标，把为人民服务作为人生的最大追求，他视人民群众为衣食父母，诚心诚意当人民公仆。1964年5月，积劳成疾的焦裕禄因肝病不治不幸逝世，年仅42岁。

习近平总书记指出，要特别学习弘扬焦裕禄同志"心中装着全体人民、唯独没有他自己"的公仆情怀，学习凡事探求就里、"吃别人嚼过的馍没味道"的求实作风，学习"敢教日月换新天""革命者要在困难面前逞英雄"的奋斗精神，学习艰苦朴素、廉洁奉公、"任何时候都不搞特殊化"的道德情操，焦裕禄精神"过去是、现在是、将来仍然是我们党的宝贵精神财富，永远不会过时"。

孔繁森被誉为"九十年代的雷锋、新时期的焦裕禄"。孔繁森精神，首先体现的就是"特别能吃苦、特别能战斗、特别能忍耐、特别能团结、特别能奉献"的老西藏精神。孔繁森（1944—1994），聊城市东昌府区人。1979年，孔繁森主动报名去西藏工作，并写下了"是七尺男儿生能舍己，作千秋鬼雄死不还乡"的条幅。孔繁森在担任岗巴县委副书记期间，跑遍了全县的乡村、牧区，与当地群众一起收割、打场、挖泥塘。1988年，他再次进藏工作。在担任拉萨市副市长期间，

孔繁森看望生病老人

他跑遍了全市8个区县所有公办学校和一半以上的乡村小学。1992年12月，工作期满，他选择继续留在西藏，任阿里地区地委书记，这里条件十分艰苦，被称为"世界屋脊的屋脊"。为了了解、解决藏族群众生产生活中的困难，他不惧风雪严寒，跋山涉水，走村串户，推动阿里地区经济社会实现了较快发展。1994年11月29日，在去新疆塔城考察边贸途中，因车祸殉职，时年50岁。他把自己的青春年华、一腔热血以及宝贵生命，全部献给了党的事业和藏族人民。习近平总书记多次对学习弘扬老西藏精神、孔繁森精神提出明确要求，并且"要学习孔繁森同志的境界感"。

历史长河川流不息，红色精神代代相传。伟大时代呼唤伟大精神，崇高事业需要榜样引领，这要求我们要从红色精神中汲取奋进力量，把革命先辈为之奋斗、为之牺牲的伟大事业继续推向前进。

结语　赓续红色血脉　传承红色基因

在百年革命斗争实践中形成的红色文化是山东最亮丽的名片之一，像血液一样流淌在齐鲁儿女身上，彰显着山东人的精气神。习近平总书记强调，要"把红色文化资源利用好，把红色传统发扬好，把红色基因传承好"。山东在赓续红色血脉、传承红色基因方面走在前列，利用好红色资源、弘扬好红色文化、发扬好红色精神，保护好红色文物、宣讲好红色故事、建设好红色基地，在传承中保护，在保护中传承，确保红色基因薪火相传，让红色文化绽放出新时代光彩。

（一）保护性开发建设红色文化片区

沂蒙、胶东、渤海、鲁西四大红色文化片区各有自身特点、交相辉映，闪耀齐鲁大地。保护性开发建设红色文化片区，就是要做好顶层设计，科学规划，高质量推进红色文化片区建设，将其打造成国内外知名的"红色地标"。

深度挖掘四大红色文化片区革命、建设、改革等不同时期和新时代重大事件、重要人物事迹、重大成就，提高红色历史资源利用深度，增强红色历史资源保护力度；提炼不同文化片区的核心主题，并将这种精神讲深、讲透、讲活；完善配套设施，稳妥有序推进场馆建设；整合、盘活存量资源，理顺管理和运行体制，强化资金保障。

（二）加大革命文物与革命遗址保护力度

革命文物和遗址记录着党和人民不畏艰险、浴血奋战的英雄事迹，承载着中国革命的伟大历程，是老一辈革命家留下来的物质遗产、精神财富。革命文物与革命遗址是鼓舞斗志、凝聚力量、砥砺品格的最有效载体，人们在参观革命旧址、瞻仰珍贵文物时，最能直观感悟红色故事、提升精神境界，将丰富的革命精神转变为努力奋斗的力量。

加强革命文物保护利用是个系统工程，要构建立体革命文物保护体系。修复和保护红色遗址，严格落实《山东省革命文物保护利用工程实施意见》，推动七大工程建设，即百年党史文物保护展示工程、革命旧址集中连片保护利用工程、革命旧址保护展示示范工程、民族民主革命主题文物保护展示工程、革命文物主题展览精品工程、革命文物宣传传播工程和红色旅游品牌打造工程，充分发挥革命文物在开展爱国主义教育、培育社会主义核心价值观、实现中华民族伟大复兴的"中国梦"中的重要作用。

加强革命文物和遗址保护还要与乡村振兴、文旅融合深度结合。加强红色遗址遗迹保护开发利用，推动革命旧址焕发新颜，探索将革命文物保护利用与美丽乡村建设、乡村振兴战略、红色旅游研学活动等相结合的有效途径，打造系列红色旅游活动，让革命文物不断彰显新的时代价值。

（三）传承红色精神

习近平总书记强调："让信仰之火熊熊不息，让红色基因融入血脉，让红色精神激发力量。"山东红色精神丰富，包括沂蒙精神、王杰精神、焦裕禄精神、孔繁森精神等等，丰厚的红色精神是齐鲁大地最鲜明的精神标识，已经深深融入山东儿女的血脉和灵魂，成为鼓舞和激励山东儿女努力奋斗的强大精神力量。

习近平总书记强调，要用好红色资源，讲好红色故事，搞好红色教育，让红色基因代代相传。这为新时代弘扬红色文化提供了根本遵循。要用好红色资源，不断利用革命遗址打造爱国主义教育基地、党性教育基地等阵地，对广大党员、干部、群众、学生进行党性教育、爱国主义教育和革命传统教育。要讲好红色故事，讲清楚百年革命历程、重大历史事件以及涌现的奋斗故事，凸显红色故事的教育功能，挖掘其中蕴含的革命精神、思想境界，使受众深刻认识中国共产党的伟大贡献。要搞好红色文化教育，以山东丰富的红色资源为基础，以育人为导向，培育人们的正确理想信念，使红色基因渗进每个人的血液、浸入心灵深处。

中国共产党历来高度重视运用红色文化引领前进方向、凝聚奋斗力量。全面建成社会主义现代化强国、实现第二个百年奋斗目标，以中国式现代化全面推进中华民族伟大复兴，更要铭记红色历史，传承红色基因，不断从红色文化中汲取勇往直前的智慧和力量，始终保持"走在前"的精气神，不断开创事业发展新局面！

民俗文化丰富多彩

　　山东有着悠久的历史和灿烂的文明，文脉的延续、历史的熏陶、时间的沉淀、土壤的滋养，让这片土地孕育出丰富多彩的民俗文化。风格迥异的传统戏曲曲艺、独具风韵的传统体育舞蹈、精湛纯熟的传统工艺美术，无不展示着齐鲁先民的无穷智慧，同时也蕴藏着浓郁的地方特色和深厚的人文内涵。以吕剧、山东快书为代表的传统戏曲曲艺，特色鲜明，余韵悠远；以蹴鞠、秧歌为代表的传统体育舞蹈，历史悠久，韵味独特；以风筝、年画为代表的传统工艺美术，技艺精湛，享誉世界；以"八仙""梁祝"为代表的民间传说，脍炙人口，流传千年；祭孔大典及诸多传统礼俗，历经千百年的岁月积淀，形成了独特的价值与魅力。这些丰富多彩的民俗文化都是中华优秀传统文化的重要组成部分和宝贵精神财富，极其深刻地影响了中国人的生活习俗和行为养成。

第一节　风格迥异的传统戏曲曲艺

山东地区的传统戏曲曲艺，以风格多样的形式，体现了浓郁的齐鲁地域特色，反映了广大劳动人民群众的思想感情和审美品格，极大地丰富了山东人民的精神文化生活。它主要包括吕剧、柳琴戏、聊斋俚曲、山东大鼓、山东快书等剧（曲）种，其他如五音戏、山东梆子、山东琴书等也兼具地方特色，流传广泛。

（一）吕剧：山东最具代表性的剧种

吕剧，又称"化装扬琴""琴戏"，是山东最具代表性的地方剧种。吕剧由民间说唱艺术"山东琴书"发展演变而来，起源于山东北部黄河三角洲，流行于山东大部和江苏、安徽、东北三省的部分地区。2008年，吕剧入选第二批国家级非物质文化遗产名录。

据《中国戏曲志·山东卷》记载，光绪初年，每到洪水季节，黄河三角洲地区泛滥成灾，老百姓为生活所迫四处逃荒流浪，有不少逃荒的人随身携带坠琴、节子板、蝴蝶琴（小型扬琴）等乐器，边乞讨边表演，以此谋生，由于条件所限，只能在路边随地演唱，又因以扬琴为主要伴奏乐器，因此将这种表演形式称为"坐唱扬琴""坐腔扬琴"。光绪二十六年（1900）前后，山东广饶县东路琴书艺人时殿元等人将琴书段子《王小赶脚》改为化妆演出，此后将其称为"化装扬琴"或"上装扬琴"，这便是吕剧的雏形。因《王小赶脚》演出中的驴形道具，当时被俗称"驴戏"，后改称"吕戏"，直到1953年戏曲改革，山东省戏改组将其定名为"吕剧"。

吕剧的唱腔以板腔体为主，兼唱曲牌。基本板式有"四平""二

山东吕剧

板""娃娃"三种。唱腔讲究以字设腔，以情带声，吐字清晰。主要伴奏乐器是坠琴、扬琴、三弦、琵琶，称为"吕剧四大件"。角色由原来的小生、小旦、小丑"三小"为主发展到生、旦、净、丑诸行。现有吕剧的演出剧目近三百个，其中最具代表性的剧目是《李二嫂改嫁》《姊妹易嫁》。代表人物为郎咸芬、李岱江、林建华，被称之为"吕剧三杰"。

从驴戏、吕戏到吕剧，吕剧经历了一个世纪的锤炼，逐步成为独树一帜的艺术剧种。

（二）聊斋俚曲：明清俗曲的"活化石"

聊斋俚曲是清初大文学家蒲松龄将自己创作的唱本配以时兴的俗曲作曲牌的一种艺术形式。聊斋俚曲主要在淄博一带流传，蒲氏家族及其后人是主要传承者。2006年，聊斋俚曲入选第一批国家级非物质文化遗产名录。

聊斋俚曲是蒲松龄用淄川方言创作的作品，因蒲松龄的斋名为"聊斋"，故称其为"聊斋俚曲"，也有人称"蒲松龄俚曲"。聊斋俚曲自清代

聊斋俚曲

至今一直为广大人民群众所喜闻乐见。每逢正月十五扮玩，蒲家庄一带的村民便将俚曲的片段作为"扮玩"的唱词，有的还装扮成俚曲中的大怪、二怪、王银匠、仙姑彩鸾、狐精施舜华等，到城区、乡镇演出。

蒲松龄集一生之阅历，汇明清俗曲之精华，取诸宫调、南北曲的曲牌联套成曲，完成了15部俚曲的创作，主要有《姑妇曲》《慈悲曲》《寒森曲》《蓬莱宴》《富贵神仙》《墙头记》等。创作中所用到的俗曲曲牌有《耍孩儿》《银纽丝》《叠断桥》《呀呀油》《劈破玉》《倒板浆》《皂罗袍》等。

聊斋俚曲已传唱了三百多年，是观众喜闻乐见的艺术形式，它生动地反映了中国封建社会晚期的人民生活，被誉为明清俗曲的"活化石"。

（三）柳琴戏："拉人魂魄"的艺术

柳琴戏，旧称"拉魂腔"，又被称为"拉呼腔""拉洪腔""拉花腔"等，因其以柳琴作为主奏乐器而得名。柳琴戏约起源于清乾隆年间，距今已有二百余年，形成于山东省临沂、枣庄一带，流行于鲁、苏、豫、皖四省接壤交界地区。2006年，柳琴戏入选第一批国家级非物质文化遗产名录。

柳琴戏主要源于曾经在临沂地区广泛流行的"肘鼓子"、弦子戏和民间小调等。当时，临沂一带旱涝灾害不断，贫苦百姓无以为生，以一家一户或一二人结伴，走乡串里"唱门子"乞讨，此时的沿街说唱，既无伴奏，也无服装道具，只有演唱者以板或梆子自打节拍，这是拉魂腔的初级阶段。后来，有了专业艺人和班社，开始演出小生、小旦的"二小戏"或外加小丑的"三小戏"（也称"对子戏"），拉魂腔初步具备了戏曲的雏形。1900年前后，出现了比较固定的班社，其演出形式基本上是一个演员扮演一个人物。民国初年，鲁南地区开始出现了一些较大的班社，拉魂腔的影响进一步扩大。在1920年前后，一些拉魂腔班社进入集镇或者城市演出，角色行当也逐步完善，拉魂腔的发展更加成熟。1953年，正式定名为"柳琴戏"。

柳琴戏的唱腔以徵调式与宫调式为主，徵调式温和缠绵，宫调式明快刚劲。其板式大致可分为紧板、慢板、二行板等。柳琴戏的主要伴奏乐器有柳叶琴、笛子、坠琴、二胡、板胡、唢呐、笙及板鼓、大锣等。柳琴戏的传统剧目有《四平山》《鲜花记》《喝面叶》等。

（四）山东快书：一人一板一出戏

山东快书起源于山东，因以快板的形式表演，所以称为山东快书。山东快书最初在山东临清、济宁、菏泽、兖州一带的农村流行，后逐渐流布于华北、东北及全国大部分地区。2006年，山东快书入选第一批国家级非物质文化遗产名录。

山东快书自形成以

山东快书

来就以表演武松故事为主，因此演员被称为"说武老二的"。山东快书的表演采用山东方言，以韵诵为主，间有说白，唱腔为典型的韵诵体。唱法上有所谓"平口""俏口""贯口"和"散口"之别。唱词是以七字句为主的韵文，既形象又口语化。演出时，演员左手持鸳鸯板击节，根据内容相应做出高低大小等种种身段的表演，表演上讲究"手、眼、身、步"及"包袱""扣子"的运用，独具幽默风趣的艺术特征。

山东快书的代表性剧目是长篇快书《武松传》，演出时常常选取其中的一个段落，如《景阳冈》(又名《武松打虎》)、《快活林》等。20世纪中期以来，山东快书的题材不断扩大，涌现出一批新剧目，如宣传抗日的《智取袁家城子》、表现抗美援朝的《一车高粱米》、反映社会主义建设的《师长帮厨》等。

（五）山东大鼓：北方大鼓之鼻祖

山东大鼓，是我国北方现存最早的曲艺鼓书和鼓曲形式。原名"犁铧大鼓"，因其最初用耕地的犁铧碎片伴奏而得名。相传，山东大鼓形成于明代末年，发源于鲁西北农村，后扩展到徐州、南京、上海、郑州、洛阳、汉口、重庆、北京、天津和东北各地，盛极一时。2006年，山东大鼓入选第一批国家级非物质文化遗产名录。

山东大鼓最初是敲击犁铧碎片唱农歌的自由吟唱形式，采用山东方言来演唱当地的民歌小调，后逐渐发展为有板式变化的成套唱腔、敲击矮

山东大鼓

脚鼓和特制的半月形梨花片并有三弦、四胡伴奏的说唱表演形式。一人演唱或二人对唱，二三人伴奏。唱词基本是七字句和十字句。演唱者右手执鼓槌，左手操铁（铜）片，边敲边唱，乐师以三弦伴奏。

山东大鼓曲目丰富，中篇有《三全镇》《金锁镇》等数十部，短篇以《三国》《红楼梦》题材的唱段居多，有《东岭关》《黛玉葬花》《宝玉探病》等几十段。

第二节　厚重多彩的传统礼俗

礼俗是人类在长期的社会生活中形成的关于生老病死、衣食住行、宗教信仰、巫卜禁忌等内容广泛、形式多样的行为规范和活动模式。山东地区礼俗形式十分丰富，其中包括祭孔大典、泰山石敢当、莱芜中元节、东镇沂山祭仪、渔民开洋、谢洋节等。

（一）祭孔大典：在古代被称为"国之大典"

祭孔大典，是在山东曲阜举行的专门祭祀孔子的大型庙堂乐舞活动，亦称"丁祭乐舞""大成乐舞"，是集歌、舞、乐、礼为一体的综合性艺术表演形式。2006年，祭孔大典入选第一批国家级非物质文化遗产名录。

据文献记载，孔子卒后第二年（前478），鲁哀公将孔子故宅辟为祭堂祭祀孔子，孔子故居成为世界上第一座孔庙。汉高祖刘邦以"太牢"之礼祭祀孔子，开历代帝王祭孔之先河。随着历代帝王的褒赠加封，祭典仪式日臻隆重恢宏，礼器、乐器、乐章、舞谱等也多由皇帝钦定颁行，到了明清时期，达到顶峰，被称为"国之大典"。历代帝王或亲临主祭，或遣官代祭，或便道拜谒，总计达196次，仅清乾隆皇帝一人就先后8次亲临曲阜拜谒孔子。1934年，民国政府将每年的8月27日定为先师孔子诞辰纪念日，祭孔时间由过去每年春秋两次的丁祭改为孔子诞辰日祭祀。新中国成立后相当长一段时间不再举行纪念孔子的活动，直到1986年，沉寂了半个世纪的祭孔大典经曲阜市文化部门发掘整理，在当年的"孔子故里游"开幕式上得以重现，1989年"孔子故里游"改为孔子文化节，祭孔成为核心的活动。此后，国际孔子文化节在曲阜年年举办，2004年，首次举办了政府主持的祭孔大典，之后又连续举办了全球联合祭孔、海峡两岸祭孔等多种活动。2007年，由省委省政府领导参与主祭，祭孔规格有了重大提升。此后每年的9月28日，在曲阜都会举行盛大的公祭孔子大典。2022年的祭孔大典，采取现场祭孔与全球"云祭孔"相结合的形式，祭孔仪式更为丰富，省委省政府领导主持公祭并恭读祭文，新创作的《论语》经典诵读首次在祭孔大典出现，置身其中，能充分感受到儒家文化生生不息的力量。

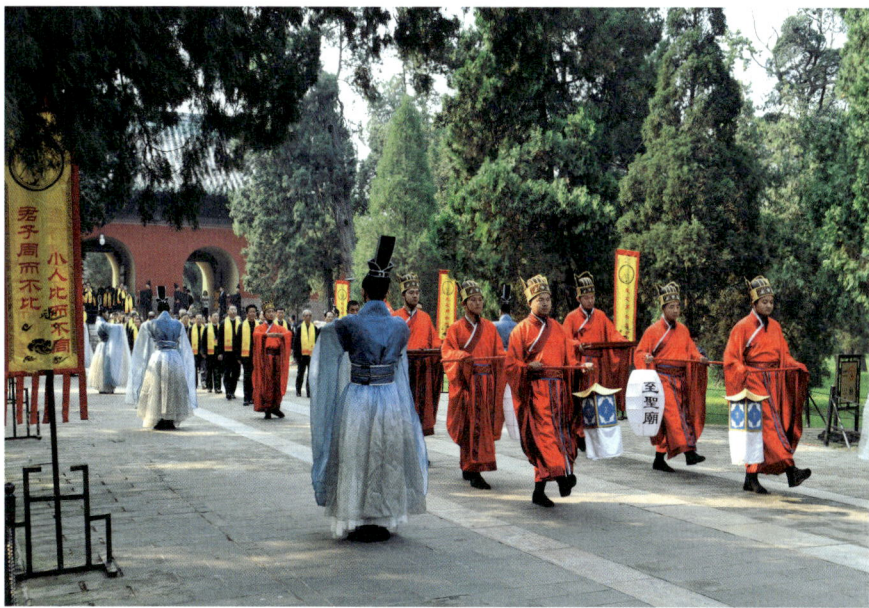

祭孔大典

（二）泰山石敢当习俗：民间镇物的山神信仰遗存

石敢当习俗，是民间常见的一种驱邪、除灾的方式，亦是分布地区最为广泛的一种民间风俗。石敢当习俗以山东泰山地区为中心，逐渐扩散到全国各地，以及日本、韩国、东南亚乃至世界各地的华侨居住区。2006年，泰山石敢当习俗入选第一批国家级非物质文化遗产名录。

石敢当习俗起源于上古时期的灵石崇拜。"石敢当"三字，最早见于西汉史游的《急就章》："师猛虎，石敢当，所不侵，龙未殃。"唐人颜师古注："敢当，言所当无敌。"把"石敢当"作为镇物的习俗，说明唐朝时已经流行。明代以后，石敢当信仰与泰山崇拜紧密结合，由"石敢当"发展到"泰山石敢当"，其功能也经历了从最早的"镇宅"到"化煞"再到"治病""门神""辟邪""防风"等的转变。

泰山石敢当

石敢当的主要表现形式有四类：一是人像石雕，主体大多是一个剽悍的武士，持剑而立，神态威武，有的雕像还踩着一个小鬼，以显示其镇宅驱邪之功能；二是石碑状，大小都有，多为长方形，立于桥道要冲或砌于房屋墙壁；三是自然山石，刻上"泰山石敢当"五个字，可摆在室内；第四类最为简单，直接在纸上书写"泰山石敢当"字样，贴于墙上，以禁压不祥。

（三）莱芜中元节习俗：传承百年的孝道文化

每年农历七月十五，莱芜地区的人们会隆重地过当地的传统习俗节日——中元节。中元节俗称"孝子节""鬼节""过半年"等，其隆重程度堪比春节。2021年，莱芜中元节习俗入选第五批国家级非物质文化遗产扩展项目名录。

莱芜地区的中元节习俗起源于清代乾隆年间，迄今已有二百七十多年的历史。莱芜中元节分为"准备""请家堂""祭祀""送家堂"四个仪式步骤。一是"准备"，早晨起来洒扫庭院，收拾齐备，挂上家堂；二是"请家堂"，由家里的男性长辈烧纸、磕头、祈请、引路，将祖先的魂灵请到家中来；三是"祭祀"，即行跪拜、上香、敬酒等礼仪；四是"送家堂"，由家里的男长辈"念叨念叨"送走，同样是跪拜如仪。送完"家堂"，再燃放鞭炮送家堂，祭祀礼结束。

中元节习俗的传承与发展，极具敬祖爱老的教育意义，也有助于形成和谐共处的良好道德风尚。

（四）东镇沂山祭仪：历代帝王的"望秩之礼"

东镇沂山祭仪是历代帝王对东镇沂山的"望秩之礼"。凡遇大典，如皇帝登基或"天时不顺""地道欠宁"，皇帝或亲率众臣，或派遣重臣祭祀东方神祇，对东岳泰山、东镇沂山、东海依次致祭。2014年，东镇沂山祭仪入选第四批国家级非物质文化遗产扩展项目名录。

沂山又名东泰山，古称"海岳""神岳"，素享"五镇之首"之美誉。它是泰沂山脉的东主峰，位于山东省临朐县南部，是沂河、汶河、沭河、弥河的发源地。据《史记·封禅书》记载，黄帝最先登封东泰山（即沂山）。舜肇州封山，定沂山为重镇，禹时即祭祀沂山。汉、隋、唐、宋、元、明、清，历代对沂山屡有增封，祀典不废。自黄帝至清，十六位帝王先后祭祀、诏封沂山。

东镇沂山祭仪

　　自1979年以来，"东镇沂山祭祀仪式"全面恢复，基本仪程主要有：早八时，在沂山东大门，由六百人组成的民间表演队，开始进行龙灯、高跷、舞狮等民俗表演；九时，主祭在玉皇阁燃起高香，祀典开始，钟鼓齐鸣；十六位曾祭祀、诏封过沂山的帝王扮演者，按朝代为序依次入祭祀现场，由四百六十人组成的古装武士队站位，陪祭表演；东镇沂山乡民献供、祭酒；宗教界、四大镇山来宾敬献花篮；行三叩礼；主祭宣读祭文；百人乐舞告祭，《沂山颂》等舞乐依次展演。祀典自八时起至十二时止。

（五）渔民开洋、谢洋节：一份来自大海的庇佑

　　开洋节是渔船出海时，渔民祈求平安、丰收的民俗活动；谢洋节则是渔船出海平安归来，渔民感恩大海的民俗活动，主要流传于山东省的荣成市、日照市、即墨市（现即墨区）和浙江省的象山县、岱山县等地。

2008年，荣成市、日照市、即墨市（现即墨区）申报的开洋节、谢洋节入选第二批国家级非物质文化遗产名录。

根据《荣成县志》记载，渔民开洋节、谢洋节活动，距今已有一千多年历史。清雍正年间到民国期间是鼎盛时期，后来逐渐衰弱，"文革"期间停止，改革开放后恢复。开洋节、谢洋节源于祭海，是东部沿海渔民在传统社会里长期形成、世代传承的一种节日祭祀民俗，是一种行业性、地域性的传统节日。渔民开洋节、谢洋节包括渔民祭祀活动和传统民间文艺表演等内容。开洋节、谢洋节作为渔民一种精神寄托，主要有娱神、娱人两大板块，以祭祀为核心，以民间文艺表演为主轴，含有历史、宗教、生产、民俗等诸多文化内容。

渔民开洋节、谢洋节的祭祀对象多元，包括龙王爷、财神爷、海神娘娘等。活动的目的单纯，即出海平安、渔业丰收。

渔民开洋节

第三节　独具风韵的传统体育舞蹈

在齐鲁文化的孕育下，山东地区形成了独具风韵的传统体育、舞蹈等民俗艺术，如蹴鞠、秧歌、杂技、鼓舞等，这些民俗艺术具有强烈的地域文化色彩，是山东人民生活习惯及审美情趣的真实写照。

（一）蹴鞠：现代足球的起源

蹴鞠又名"蹋鞠""蹴球""蹴圆""筑球""踢圆"等，是一项古老的中国传统体育运动。2006年，蹴鞠入选第一批国家级非物质文化遗产名录。

蹴鞠起源于春秋战国时期的齐都临淄，至今流传了两千三百多年，在

蹴鞠

汉代获得较大的发展，唐宋时期最为繁荣，元明时期开始走向衰落，清代主要在民间流行。蹴鞠比赛有直接对抗、间接对抗和白打三种形式。进行直接对抗比赛时，设鞠城即球场，周围有短墙，比赛双方都有像座小房子似的球门，场上队员各12名，双方进行身体直接接触的对抗。进行对抗比赛时，中间隔着球门，球门中间有两尺多的"风流眼"，双方各在一侧，在球不落地的情况下，穿过风流眼多者胜。

蹴鞠对现代足球的产生有重要影响。在唐代，中国蹴鞠向东传播到日本和朝鲜，向西传播到欧洲，在英国发展为现代意义上的足球。2004年7月15日，亚洲杯足球赛开幕式和中国第三届国际足球博览会在北京开幕，国际足联主席布拉特在北京宣布："中国古代蹴鞠就是足球的起源，足球起源于2300多年前的淄博临淄。"2005年5月20日，布拉特主席向临淄颁发了足球起源地认定证书，赠送了百年庆典纪念牌匾。

（二）秧歌：齐鲁大地歌舞艺术的瑰宝

秧歌是山东最具代表性的民间舞蹈，舒展豪放，风格独特。喜庆的秧歌是农耕文化数千年的艺术积淀，也是源自土地最朴素的情感表达。其中最具代表性的鼓子秧歌、海阳大秧歌、胶州秧歌，2006年全部入选第一批国家级非物质文化遗产名录。

鼓子秧歌主要流传在黄河以北的商河、惠民、阳信、济阳一带，最早被称为"打鼓子"或者是"大鼓子秧歌""跑秧歌"等，秧歌队伍中有伞头、鼓子、棒槌、腊花、丑角五种角色，表演风格迥异，韵味独特。海阳大秧歌起源于明代的民间社火，最早流行于山东半岛南翼、黄海之滨的海阳市一带，其舞蹈动作的突出特点是跑扭结合，舞者在奔跑中扭动，女性扭腰挽扇、上步抖肩，活泼大方，男性颤步晃头、挥臂换肩，爽朗风趣。胶州秧歌又称"地秧歌""耍秧歌""扭断腰""三道弯"等，起源于清代咸丰年间，最早流行于山东省胶州市东小屯村一带，胶州秧歌中，女性

鼓子秧歌

舞蹈动作抬重踩轻腰身飘，行走如同风摆柳，富有韧性和曲线美，"扭断腰""三道弯"为其代表动作。

（三）螳螂拳：享誉四海的武林流派

山东拳法以螳螂拳最为著名，是首批被国家体育总局武术运动管理中心列入系统研究整理的传统武术九大流派之一，在胶东半岛多有流传，莱阳市流传最盛。2008年，莱阳螳螂拳入选第二批国家级非物质文化遗产名录。

螳螂拳为明末清初胶东人王朗所创。相传，王朗体察螳螂捕蝉的动作，取其神态，赋以阴阳、刚柔、虚实之理，施以上下、左右、前后、进退之法，演古传十八家手法于一体而创螳螂拳法。螳螂拳派别虽多，但都强调象形取意，重"意"不重"形"，手法、步法、腿法、身法密连而巧妙，稳健而灵活，活中求快，快中求稳，稳中求精。螳螂拳的手法主要是勾、搂、采、挂、黏、沾、贴、靠、刁、进、崩、打十二字诀，要求"不刁不打，一刁就打，一打几下"的连环进攻。其风格快速勇猛、斩钉截铁、勇往直前，其特点是正迎侧击、虚实相互、长短兼备、刚柔相济、手脚并用，用连环紧扣的手法直逼对方，使人难以捉摸，防不胜防，无喘息机会。常练螳螂拳，可以培养人们的坚强斗志和敏捷的应变能力。

（四）鼓舞：从街头走向舞台的艺术

山东的鼓类舞蹈是一种起源于街头表演的民间舞蹈艺术。鼓舞形式多样，分布广泛，姿态各异，种类千差万别，其中较为典型的主要有陈官短穗花鼓、花鞭鼓舞等。2008年，陈官短穗花鼓、花鞭鼓舞分别入选第二批国家级非物质文化遗产名录。

陈官短穗花鼓流传于山东省东营市广饶县陈官乡一带及商河县等地。它原是流浪艺人借以乞讨谋生的一种手段，由一人打镲说唱，一人击鼓表演，动作舒展、奔放。代表曲目有《串九州》《枕头记》等。

花鞭鼓舞在商河县张坊乡一带大为盛行，张坊乡苟家村的张氏家族

花鞭鼓舞

几代人都会跳花鞭鼓舞，逢年过节演出，热闹非常。花鞭鼓舞表演使用的是一般的腰鼓，同时以小锣、小镲伴奏，舞者头系白毛巾，身着短衣，左胁下斜挎腰鼓，双手各持一鞭，鞭杆长22厘米，鞭条长50厘米，鞭梢系成疙瘩。表演时两条鞭上下翻飞，甩至背后，在胸前和胯下准确地击打鼓面，鞭飞鼓鸣，独具一格，引人入胜。

（五）杂技：开展人民外交的先行官

山东杂技艺术历史悠久，内涵丰富，有着浓郁的地方风格，其中聊城杂技、宁津杂技最具特色，分别入选第一批、第二批国家级非物质文化遗产名录。

聊城是中国杂技的发源地之一，聊城杂技现分布于东阿、茌平、阳谷等县及其周边地区。主要包括马戏、魔术、表演三大种别，重视腰腿顶功，突出新、难、奇、美、险，艺术风格朴实、英武、粗犷，深受广大群众喜爱。宁津杂技流行于鲁北地区，在漫长的发展过程中逐渐形成各具特色的门类和派别，演出规模和范围日渐扩展，以"惊、险、奇、美"的艺术特点闻名遐迩，《蹬板凳》《舞中幡》《小花旦抖空竹》等节目深受国内外观众喜爱。

新中国成立以来，山东杂技焕发出新的生机，成立于1959年的山东杂技团多次

杂技《蹬板凳》

承担对外访问演出任务，1984年，在第十届摩纳哥蒙特卡洛国际马戏节上，山东省杂技团凭借《蹬板凳》获得杂技界最高奖项"金小丑"奖。

第四节　精湛纯熟的传统工艺美术

齐鲁先民在数千年的历史长河中，从画笔到剪刀，从泥土到纸张，造就了一项项内容丰富多彩、内涵复杂多元、工艺精湛纯熟的传统技艺。让我们一起领略这些传统技艺之美吧！

（一）风筝：献给天空的艺术

风筝，又称"纸鸢"，是中国传统民间艺术的珍品。山东潍坊是中国著名的风筝产地，2006年，潍坊风筝制作技艺入选第一批国家级非物质文化遗产名录。

潍坊风筝的源头可以追溯到鲁国大思想家墨翟制作第一只"木鸢"，至今已有两千多年的历史。潍坊风筝真正兴盛并走向民间始于明代。潍坊风筝有硬翅风筝、软翅风筝、串式风筝、板式风筝、立体风筝、动态风筝等种类。其扎制博采众家之长，少则竹条三根，多不超过七根，但讲究竹条均匀、骨架周正、左右对称、重心拴线，形象简练，色彩鲜艳，对比强烈。风筝题材广泛，有人物故事、鸟兽、鱼虫、神话传说等。"龙头蜈蚣""仙鹤童子""雷震子""麻姑献寿"等已成为潍坊风筝的代表作，具有浓郁的地方生活气息和生动气韵。潍坊风筝具有起飞平稳、放飞高的特征。

国际风筝联合会的总部设在潍坊。新中国建立后，潍坊风筝作为潍坊市的象征，更加受到当地人民的珍爱和重视。从1984年起，潍坊市连续成功地举办国际风筝节，1988年，潍坊市被国内外风筝界选为"世界风筝之都",潍坊风筝走向世界。

（二）年画：最有年味的春节符号

年画是中国特有的一种绘画体裁，一般在春节时张贴。年画的内容一般与避凶驱邪、祈福纳祥、求子增荣等美好愿望相关，年画的产地主要分布在潍坊、聊城等地区，其中以潍坊杨家埠年画最负盛名，与天津杨柳青年画、河北武强年画、苏州桃花坞年画统称为中国四大木版年画。2006年，杨家埠木版年画、高密扑灰年画分别入选第一批国家级非物质文化遗产名录。2008年，东昌府木版年画、张秋木版年画分别入选第二批国家级非物质文化遗产名录。

杨家埠木版年画制作方法简便，工艺精湛，色彩鲜艳，内容丰富。高密扑灰年画亦以其独特的绘画技巧闻名，作画时先用柳枝烧制的炭条打好草稿，然后用白纸拓印，一稿可拓扑多张，"扑灰"由此得名。东昌府木版年画取材广泛，既有现实生活、历史人物、戏曲故事和神话传说的内容，又有福、禄、寿、喜等祥瑞主题，将年画与门神画融为一体，兼具审美欣赏和驱邪祈福

杨家埠木版年画

的功能。张秋木版年画题材新颖，形式多样，品种达到300个以上，其刻版精细，印刷讲究，线条简洁，构图丰满。

春节挂贴年画，不仅给千家万户平添了许多兴旺欢乐的喜庆气氛，也

反映了人民朴素的风俗和信仰，寄托着对未来的希望，蕴涵着深刻的民族心理和传统的人文观念，是最有年味的春节符号。

（三）剪纸：指尖流淌的艺术

山东省是我国剪纸流行的主要地区之一。山东剪纸风格多样，总体来说，胶东的剪纸精致细腻，鲁北的剪纸粗犷豪放。2008年，烟台剪纸、滨州剪纸与高密剪纸分别入选第二批国家级非物质文化遗产扩展项目名录。

烟台剪纸以画面精美，线条流畅而著称。主要包括单色剪纸、拼色剪纸、勾绘染色剪纸和衬色剪纸四种类型。单色剪纸指一种颜色的剪纸，其中红色剪纸是流行较广、数量较多的一种剪纸，单色剪纸虚实对比强烈，感染力强。衬色剪纸是在单色剪纸下衬以色纸的剪纸，使衬色与主纹相差错，这

烟台剪纸

种样式在招远及莱州的墙花中较常见。勾绘染色剪纸将剪刻以后的作品，勾墨线施以色彩渲染，此类剪纸以招远、龙口的渲染、勾复线，福山、牟平的平涂色最有特色。拼色剪纸是用各种色纸各剪出一部分然后拼贴起来的剪纸，以莱州较为多见。

一张薄薄的纸片，展现千百种无尽可能，一把平凡的剪刀，剪出千姿百态的世界。时间在流逝，时代在变迁，但亘古不变的是精湛的技艺。

（四）陶瓷：艺术的结晶

山东陶瓷制作技艺历史悠久，技术精湛，种类繁多，尤以淄博陶瓷为最。2011年，淄博陶瓷烧制技艺入选第三批国家级非物质文化遗产名录。

淄博市是中国陶瓷发祥地之一，是国家命名的"中国陶瓷名城"。淄博瓷器种类繁多，有高长石瓷、滑石瓷、骨质瓷，有生活用瓷和艺术用瓷，其风格粗犷豪放、简洁明快。制作陶瓷的过程极其严格，需要经过炼泥、拉坯、印坯、利坯、晒坯、刻瓷、施釉、烧窑一系列严苛的步骤，而这其中又以"刻瓷"最为复杂，因为刻瓷所需的手法与一般雕刻大不相同。陶瓷虽硬，但质地却脆，所以在瓷上进行雕刻，既要保持瓷器不开裂，又要留下镂刻的痕迹，难度可想而知。而有些技艺精湛的大师，甚至能在瓷器上进行微雕，技艺神乎其神，令人叹为观止。

如今，淄博陶瓷产业区内已经形成了协作产业集群，以华光、硅元、汉青等陶瓷企业为引领的一系列陶瓷企业打造成了国瓷方阵，真正叫响了"淄博陶瓷，当代国窑"的世界品牌。

（五）贡砖：撑起一座皇城

贡砖，是指明代永乐年间，明成祖朱棣迁都北京，为营建皇家宫苑特地在山东临清和江苏陆慕设立官窑烧制的只供皇家御用的建筑用砖。临清官窑的生产一直延续至清代，前后达五百余年。2008年，临清贡砖烧制技艺入选第二批国家级非物质文化遗产名录。

贡砖的砖窑之所以设在临清，一是由于临清紧靠运河，运输方便，成砖可搭附漕船解运京师；二是临清的土质特别，由于黄河的多次冲击，很多地方向下挖一米多深即可发现红、白、黄相间的"莲花土"，这种土无杂质，沙黏度适宜，烧成砖后"击之有声，断之无孔，坚硬结实，不碱不蚀"。

临清贡砖烧制工艺十分复杂精细，制成的贡砖、副砖、券砖、斧刃砖、线砖、平身砖、望板砖、方砖等一般在二十五公斤上下，重的可达三四十公斤。现在北京故宫、天坛、地坛、日坛、月坛、钟鼓楼、文庙、国子监及各城门楼和各王府建筑上的临清贡砖处处可见，明十三陵、清东陵、清西陵等皇家陵园建筑中所用的寿工砖也由临清烧造。此外，南京中华门城墙、山东曲阜孔庙等处也相继发现临清贡砖。

第五节　脍炙人口的民间传说

民间传说是民俗文化的一个重要组成部分，山东地区自古就流传着许多脍炙人口、影响广泛、妇孺皆知的传说故事，如八仙传说、孟姜女传说、董永传说、梁祝传说、牛郎织女传说等，此外还有崂山民间故事、秃尾巴老李故事等等。这些民间传说引人入胜、历久不衰，影响和滋养了一代代的中华儿女。

（一）八仙传说：蓬莱阁上的神话奇谈

八仙传说在山东各地乃至国内许多地方都广为流行。2008 年，山东省蓬莱市申报的八仙传说入选第二批国家级非物质文化遗产名录。

八仙传说现存最早的文字记载见于《太平广记》，经民间流传和历代文人的渲染，传说内容不断丰富。八仙之名，历史上曾有过多种版本，有汉代八仙、唐代八仙、宋元八仙等，所列神仙各不相同。明代吴元泰《八仙出处东游记》（又名《上洞八仙传》，简称《东游记》）正式确定为铁拐李（李玄）、汉钟离（钟离权）、张果老（张果）、吕洞宾（吕岩）、何仙姑（何琼）、蓝采和（许坚）、韩湘子、曹国舅（曹景休）八位仙人。作为中国民间传说中广为流传的八位神仙，他们代表着不同的文化意义和价值观念。

　　八仙过海是八仙传说中最脍炙人口的故事之一，山西芮城永乐宫纯阳殿的《八仙过海图》壁画，是现存最早的这类题材的绘画作品，除此之外，现存最早的文字记载见于元明时杂剧《争玉板八仙过沧海》。相传白云仙长于蓬莱仙岛牡丹盛开时，邀请八仙赴宴赏花，八仙在蓬莱阁上把酒临风，游兴大发，回程时他们决定不驾云、不搭船，各自想办法通过大海。于是他们各显神通，坐上自己掷在水中的法器，横渡大海。这也是俗语"八仙过海，各显神通"的来源。八仙的举动惊动了龙宫，并与之发生冲突。后经南海观音菩萨（或说太上老君、如来佛）调停，双方停战和好。

　　八仙传说是中国民间流传最广、影响最大的神话传说之一，是中国传统文化中的重要组成部分。传说八仙混迹世间，或仗义行善，或倜傥不羁，有浓重的人情味，因而广为民众喜爱。八仙传说把独具特色的"仙文化"与浓厚的世俗人情有机地融合在一起，反映着中国古代多种多样的文化观念，并寄托着追求美好生活的人生理想。八位仙人来历多依傍具体历史人物，出身各不相同，分别代表着世俗社会的不同阶层，其传说具有浓

八仙传说

郁的人文色彩和地域风格，为民间文艺、工艺美术等各种艺术作品的创作提供了丰富的素材，具有很高的艺术价值。

（二）孟姜女传说：感天动地的传奇故事

孟姜女传说，又名"孟姜女哭长城"，中国古代四大爱情传奇故事之一。2006年，山东省淄博市申报的孟姜女传说入选第一批国家级非物质文化遗产名录。2011年，山东莒县申报的孟姜女传说入选第三批国家级非物质文化遗产扩展项目名录。2014年，山东省莱芜市莱城区（现为山东省济南市莱芜区）申报的孟姜女传说入选第四批国家级非物质文化遗产扩展项目名录。

孟姜女传说在《春秋左氏传》《礼记》《孟子》以及汉代《说苑》《列女传》等文献中都有记载，故事源自"杞梁妻哭夫"的记载，其中的两个主人公形象在历史上也都有原型，孟姜女原型为杞梁妻，范喜良原型为杞梁，今山东淄博市临淄区齐都镇郎家村东仍保存有杞梁墓。

相传秦朝时修建长城劳役繁重，青年范喜良和女子孟姜女刚新婚三天，范喜良就被迫出发修筑长城，不久因为饥寒劳累而死，尸骨被埋在长城墙下。孟姜女身背寒衣，历尽了千辛万苦才终于来到了长城边，得到的却是丈夫死亡的噩耗。孟姜女在长城上哭了三天三夜，忽

孟姜女传说

然长城就此坍塌，露出了范喜良的尸骸，孟姜女安葬范喜良后，于绝望之中投海而亡。

从开始的杞梁妻故事到最后的孟姜女传说，随着历代时势和风俗的变化，它被不断地改造、加工，出现了很多种变异，在长期的文化演变中逐渐丰满。顾炎武在《日知录》中记述了孟姜女传说的演变过程，对故事演变过程的阐述更为详尽。孟姜女传说使人们认识到古代妇女的纯朴善良和战争给人们带来的不幸，反映了百姓对秦始皇修筑长城所造成的苦难和牺牲的愤怒控诉，揭露了千百万百姓被劳役逼得家破人亡、妻离子散的悲惨命运，表达了人们坚守爱情、向往和平、渴望幸福安宁的共同愿望。

（三）董永传说：孝行感天的传世佳话

董永传说，又名"天仙配""七仙女下凡""董永卖身"，主要流传在山东省博兴县境内。2008年，山东省博兴县申报的董永传说入选第二批国家级非物质文化遗产扩展项目名录。

根据文献记载，董永是今博兴县陈户镇董家庄村人，生活在西汉末期。董永传说在西汉刘向的《孝子传》、三国曹植的《灵芝篇》、东晋干宝的《搜神记》中都有记载。博兴县陈户镇董家庄原有董公庙和墓碑，后因年久不复存在。1936年，博兴县重修《博兴县志》时，重新立碑，此碑尚存，陈

董永传说

户镇还出土了与董永身世有关的其他文物。嘉祥县东汉武氏墓群石刻画像中有董永"鹿车载父""肆力田亩""象耕鸟耘"的情景，并有"董永，千乘人也（今山东省博兴县）"的文字记载，在《山东通志》《博兴县志》《长山县志》以及《搜神记》等典籍中，都有董永传说的相关记载，且记述大体相同。

相传董永卖身葬父，孝行感天，七仙女下凡与之婚配，七仙女一夜织成十匹锦缎，将董永三年工期改为百日，天上玉帝查出七仙女私下凡尘，降旨七仙女午时三刻返回天庭，夫妻就此诀别，一年后七仙女送子下凡……董永传说在长期口耳相传的过程中，其原生结构虽无改变，但故事情节、人物形象和思想内涵都在不断地丰富和创新。

董永传说在两千多年的流传过程中，因其爱情故事与民众追求婚姻幸福的内在感情相契合，教化内容与大众心理需求相适应，所以深受民众喜爱。作为古代的二十四孝人物之一，董永是社会孝行的典范、孝子的楷模，其传说蕴含着丰富的历史、文学价值，能为相关历史时期社会、政治、经济文化以及伦理道德、风俗民情、宗教信仰等方面提供一定的研究资料。董永传说宣扬的孝文化所具有的教化功能对建设社会主义精神文明、构建和谐社会具有重要的现实意义。

（四）梁祝传说：流传千年的爱情绝唱

梁山伯与祝英台传说是我国四大民间传说之一，被誉为爱情的千古绝唱，是中华文化的瑰宝，在世界各地产生广泛影响。2006年，山东省济宁市申报的梁祝传说入选第一批国家级非物质文化遗产名录。

唐代邹县马坡（今属微山县）建有梁祝合葬墓及祠堂，并立有"梁山伯祝英台之墓"的石碑，明代崔文奎曾重修梁祝墓，并立墓碑，碑额刻有"梁山伯祝英台墓记"8个篆字，碑文记载了梁祝故事，这是全国现有九处梁祝墓中唯一的一块墓碑。清康熙十一年修的《邹县旧志汇编》记载："梁山伯祝英台墓城西六十里吴桥地方，有碑。"《峄山志》记载峄山上有"梁祝读书洞""梁祝泉""梁祝读书处"等，其中部分读书遗址目前仍存。文献中记载的梁山伯、祝英台和马文才所在村庄的同姓家族后裔仍在。

相传祝英台女扮男装往邹县（今邹城市）求学，路遇梁山伯结为兄弟，同窗三载，情谊深厚。祝父催女归家，英台行前向师母吐露真情，托媒许婚山伯，又在送别时，假托为妹作媒，嘱山伯早去迎娶。山伯赶往祝家，不料祝父已将英台许婚马太守之子马文才，两人在楼台相叙，见姻缘无望，不胜悲愤。山伯归家病故，英台闻耗，誓以身殉，马家迎娶之日，英台花轿绕道至山伯坟前祭奠，霎时风雷大作，坟墓爆裂，英台纵身跃入，梁山伯与祝英台化作蝴蝶，双双飞舞。

梁祝传说体现了人类对爱情的忠贞精神和对自由美好生活的向往，无论其文学性、艺术性还是思想性在各类民间传说中都是出类拔萃的，千百年来，它以提倡求知、崇尚爱情、歌颂生命生生不息的鲜明主题深深打动着人们的心灵，以曲折动人的情节、鲜明的人物性格、奇巧的故事结构而受到民众的广泛喜爱。

（五）牛郎织女传说：鹊桥之上的永恒约定

牛郎织女传说为中国古代四大爱情传奇故事之一，其名由牵牛星、织女星的星名衍化而来。2008年，山东省沂源县申报的牛郎织女传说入选第二批国家级非物质文化遗产名录。

牛郎织女传说起源于先秦时期，最早出于《诗经·小雅·大东》，是对天穹中被银河隔开的牵牛星和织女星的艺术想象。这一诗歌意象逐渐为后世民众拟人化，并被赋予了人文象征涵义，转化成牛郎和织女的传说故事。山东省沂源县燕崖镇存有流传千年的牛郎庙和织女洞，二者隔着沂河东西相望，与天上"牵牛星—银河—织女星"相呼应。地貌的特征逼真显现

牛郎织女传说

了"天上银河""地下沂河",天上有"牛郎织女星",地下有"牛郎庙织女洞",形成"在天成像,与地成形"的奇观,是"牛郎织女传说"目前在国内所能找到的唯一一处与实地实景相对应的文化遗存。牛郎庙附近有个古村落叫牛郎官庄,村里的人多数姓"孙",与牛郎(孙守义)同姓,他们以牛郎后代自居,并历代传承牛郎织女故事,至今沿袭着养蚕、织布、取"双七水"等习俗。每至七夕节,牛郎官庄的妇女还会用纸折出金元宝,供奉在织女洞中。

相传古代天帝的孙女织女擅长织布,每天给天空织彩霞。她讨厌这枯燥的生活,就偷偷下到凡间,私自嫁给贫困的牛郎,过上男耕女织的生活。此事惹怒了天帝,把织女捉回天宫,责令他们分离,只允许他们每年的农历七月七日相会一次。他们坚贞的爱情感动了喜鹊,无数喜鹊飞来,用身体搭成一道跨越天河的喜鹊桥,让牛郎织女在天河上相会。

2007年,中国民俗学会在沂源县召开了全国首届"牛郎织女传说"学术研讨会,2008年,沂源县成立了"中国牛郎织女传说研究中心"。牛郎织女传说有着悠久的历史渊源和深厚的民间基础,其人物形象和故事情节

第七章 民俗文化丰富多彩

反映了当时社会现实和思想，有着极大的文化价值与积极的社会影响，寄托着人们对幸福生活的向往和追求，对于建设和睦家庭、构建和谐社会、推动当地经济社会和文化事业的发展发挥了重要作用。

结语　在守正创新中弘扬民俗文化的当代价值

山东是文化大省，历史悠久，文化底蕴深厚，民俗文化资源丰富。近年来，民俗文化正以其深厚的文化底蕴和情感认同走进人们的生活，浸润着我们的身心，这就更需要赋予其新的时代内涵和表达形式，才能真正做到价值引领、精神凝聚和文化推动，因此，如何将优秀传统民俗文化融入现代生活，实现创造性转化、创新性发展，在守正创新中弘扬其价值是当前值得关注与思考的问题。

（一）承载历史记忆，凝聚价值认同

民俗文化源于劳动人民的生活本色，是一种对历史记忆的承载、追溯和展现，更是一种精神和信仰的延续、坚守和凝聚。千百年来，人们在日常生产生活中通过民俗记录生活、抒发情感、讲述故事、传达意愿，从而留下宝贵的文化遗产，不同的时代有着不同的记忆，亦有着不同的文化表现形式，祖祖辈辈世代相传，延续至今。

被称之为"国之大典"的祭孔大典，一直延续两千多年，在孔子诞辰之际举行隆重的祭孔活动，正是中国人文化自信的体现，群众通过参加或观赏这种活动，能够收敛身心，体验并感受到礼乐本身对人的某种感染、教化意义，在历史上和现实中都起到了崇德、报本、教化的功用，成为维系中华文明、凝聚民族精神的重要载体。传统戏曲曲艺创生于民间，主要服务对象是平民百姓，这种喜闻乐见的艺术形式成为广大人民群众获取知识、学习历史、接受道德伦理教化的重要方式。精彩绝伦的大秧歌一舞起来，立马就能唤起人们内心深处的集体记忆与文化认同。莱芜中元节经过几百年的传承与变迁，一直延续至今，这一天，漂泊在外的莱芜人从四面八方赶回家中团聚、祭祖，部分商店关门歇业，有的企业甚至还会放上半天假，其隆重程度堪比春节，以家德、家风、家训、家教为传承主题，发展到今天，不仅仅是对先人的缅怀和祭奠，更成为莱芜人传承文化、爱老敬祖、祈福美好生活的方式。象征着吉祥富贵的年画一贴起来，就有了记忆中的年味儿。董永孝感天地的传说故事，在一代代口耳相传的过程中，在人们心中播下了"孝"的种子……每一项绚丽多彩的民俗文化，其背后的艺术创新、价值理念、文明承载，皆是传承之本。因此，每一项民俗文化不仅仅是礼俗、技艺和传说，更是历史记忆的承载，凝聚着价值认同，是有声有色的中国故事。

（二）延续文化传统，提升文化自信

中华优秀传统文化包罗万象，不只是存在于文献、文物和典籍中，还体现在世代延续、一脉相承的民俗文化中。这些民俗文化作为一种活态的、可观可感的存在，延续着文化的传统，承载着历史的记忆，传递着人民的情感，在新时代中国特色社会主义文化建设中扮演着日益重要的角色，对于提升文化自信、增强国家文化软实力等方面发挥着重要作用。

淄博是中国北方青瓷的重要发源地，在我国古代陶瓷史上具有重要地位。在十七世纪的欧洲，皇室和宫廷收藏中国瓷器成为"时尚"，普通人拥有一件中国瓷器也往往是财富和身份的象征。随着西方制瓷业的兴起和国内一些陶瓷企业品牌意识的缺失，经历了一段低迷的摸索期之后，现如今，锻造品牌、磨砺品质已成为淄博陶瓷企业谋求高质量发展的着力点，多项技术获国家发明专利，在全国陶瓷行业引领风潮，并逐步走向世界舞

台中央，华光国瓷生产的容溶华青瓷系列被法国卢浮宫收藏，华青瓷柳叶瓶被英国皇室收藏。潍坊作为"世界风筝之都"，风筝是潍坊的骄傲，也是潍坊走向世界的文化名片，创办于1984年的潍坊国际风筝会，至今已成功举办40届。40年来，潍坊国际风筝会已发展成为潍坊传承中华优秀传统文化、延续传统走向世界、提升文化软实力的重要平台。

（三）创新表达方式，化为"百姓日用之学"

当今社会，生产力在发展，生产方式和生活方式发生巨大变化，人们思维方式也不断发生着转变，民俗文化也应紧随时代发展步伐不断注入新内容。要始终坚守中华文化立场、传承中华文化基因，将其作为培育和弘扬社会主义核心价值观的重要载体，对其中蕴含的思想观念、人文精神、道德规范等，赋予其新的时代内涵和表达形式，化为"百姓日用之学"，使传统民俗文化活动与国家和社会发展同频共振，在引导和濡化中凝聚价值认同，坚定文化自信。

明清时期，临清贡砖因其独特的烧制工艺，通过大运河被源源不断地运往北京，逐渐成为修建宫殿城墙的特供用砖。清朝末年，临清砖窑逐渐走向没落。进入新世纪，临清当地通过兴建贡砖文化产业园、开发砖雕等文创产品、设立研学游基地和青少年课外实践基地等方式迎来了新的发展和机遇，与故宫签订供货合同，同时与国内多家皇家园林等形成合作关系。大运河申遗期间，临清贡砖及相关产品用于大运河临清段的修缮，并出口到韩国、日本。数字化背景下，新媒体技术的发展为传统民俗文化的创新发展带来了更多的发展机遇。"互联网+"时代，直播、短视频等传播方式已成为宣传推广的重要手段，众多社交媒体平台也是传播的重要渠道。沉浸式体验也让传统民俗更具生机活力，由山东省文化和旅游厅连同16市文化和旅游局特别研发的主题游山东线路，如"百花争艳"来山东寻访传统风俗，就是沉浸式体验民俗风情的一种很接地气的方式，在潍坊能参观杨家埠民间艺术大观园，体验风筝扎制、年画印刷等，在济宁到三孔景区体验孔子六艺，品尝孔府宴，在尼山圣境亲身体验明礼生活方式等，在威海近距离感受渔民的开洋谢洋节民俗活动等，在淄博参观足球博物馆、蒲松龄纪念馆、博山陶瓷琉璃艺术中心等，在有"曲山艺海"之称的济南，欣赏山东快书、山东琴书、山东大鼓、吕剧等各种戏曲曲艺，等等。同时，民俗文化走进校园也成为一种常态，丰富多彩的戏曲曲艺、精湛的手工技艺社团或传承人走进学校，在孩子们的心里种下中华优秀传统文化基因的种子。通过"守"文化传统之"正"，"创"精神文明之"新"，中华民族上下五千年的灿烂文化必将在新时代大放异彩，不断丰富人民群众的美好生活。

第八章

文化标识鲜明突出

　　任何一个国家的历史文化都会凝聚并表现在具有代表性和辨识度的文化标识上。一个地区的历史文化也是如此。党的二十大报告指出："坚守中华文化立场，提炼展示中华文明的精神标识和文化精髓，加快构建中国话语和中国叙事体系，讲好中国故事、传播好中国声音，展现可信、可爱、可敬的中国形象。"山东是中华文明的发源地之一，是中国传统文化的主流——儒家思想的诞生地，是近代东西方文化交流碰撞的重点地域之一。这里有五岳独尊的泰山、蜿蜒起伏的齐长城、磅礴壮观的黄河入海口、纵贯南北的大运河。目前正在建设的五大国家文化公园中涉及山东省的就有黄河、长城、大运河三个。以"一山一水一圣人"为代表的众多山东文化标识，不仅具有浓郁的齐鲁特色，还有代表中华文明的普遍性意义。

第一节　丰富而独特的文化标识

能够代表齐鲁文化精髓的文化标识，种类丰富多样，价值不可估量。种类丰富多样，源于山东有众多的自然景观、古迹遗址、名人名著、思想与学派、非物质文化遗产，数不胜数。它们名扬海外、各有千秋，很难评比优劣，进行取舍。价值不可估量，则源于齐鲁文化在中华文明形成、发展过程中的独特贡献和重要地位。这使得很多文化标识既有浓郁的山东区域特色，又有能够代表整个中华文明的普遍性价值。

兹从齐鲁圣贤、经典名著、自然人文景观中选择一部分文化标识做简要论述，借以展现齐鲁文化对于中华文明的深远影响。

（一）名垂百代的齐鲁圣贤

在山东历史上涌现出的很多圣贤人物，对中华文化的基本走向、中华民族的精神风貌、传统艺术的创新发展起到过重要作用。

孔子既是儒家学派创始人，又是塑造中国传统文化的思想巨匠，还是享誉世界的文化名人。西汉"罢黜百家，独尊儒术"后，儒学成为此后中国传统文化的主干。孔子也随之成为历代敬仰的"至圣先师"。在政治层面，历代政权都对孔子顶礼膜拜，祭祀供奉。少数民族政权在汉化过程中尤其注重推崇孔子、弘扬儒学。在学术层面，孔子所整理的典籍文献被历代传承。历代儒生皓首穷经，钻研章句，阐释义理，从中发掘修身治国的智慧。孔子的思想不仅深刻影响了中国，还受到了世界范围的关注和重视。现如今，孔子已经成为中国文化的国际名片，成为凝聚全球华人的精神纽带。

韦辛夷创作的《稷下学宫》

　　提到孔子和儒学，就不能不提百家争鸣及其主阵地——稷下学宫。学界已有研究，《论六家要旨》中的儒、墨、道、法、阴阳、名六家以及兵家的代表人物多出齐鲁。所以，齐鲁大地是孕育"轴心时代"百家争鸣的人文沃土。稷下学宫是目前所知的中国最早的大学，为诸子百家搭建了兼容并包、平等自由的学术舞台，对先秦学术的传承发展起到了积极的推动作用。稷下学宫还与希腊的柏拉图学园被视作世界教育史上的双子星座、东西双璧，其独特的历史文化意义正不断地被揭示出来。总之，稷下学宫是矗立在齐鲁地区的一座中国古代学术里程碑。

　　诸葛亮是出身于齐鲁的古代名臣典范，其高尚的人格、非凡的韬略、卓越的功勋为历代称颂，而且在基层社会中有着广泛的信仰基础。诸葛亮生于琅琊阳都，少年时迁居南方，青年时耕读于南阳，后在荆州、益州辅佐刘备，在政治、经济、军事、民族关系等方面出谋划策，推动了蜀汉政权的发展。因此，诸葛亮的政治智慧、军事谋略、道德水准是在齐鲁文化底蕴的基础上海纳百川形成的。他身兼儒家的圣贤人格和兵家的军事才能，在修身、治国两个方面都达到了近乎完美的境界，不仅被三国时期各方政治家称道，还被后世历代统治者仰慕。随着小说《三国演义》的传播与相关影视作品的风靡，诸葛亮已经成为了智慧、忠诚的化身，是中国古代贤臣良将的理想代表。

王羲之是出身齐鲁的"书圣"，是中国书法史上难以逾越的高峰。王羲之虽然成长成名于东晋，但在书法方面曾深受家学浸润。他在少年时随家族过江南迁，说明琅琊王氏人人善书的家学渊源、深厚浓郁的书法底蕴在南迁之前便已形成。他师法众长，自成一体，一生富有创新精神。南朝梁武帝萧衍在《古今书人优劣评》中认为他的书法"字势雄逸，如龙跳天门，虎卧凤阙"，因此才被历代珍视。南朝庾肩吾《书品》将书法家分为九等，将王羲之列为最高的"上之上"。唐太宗为《晋书·王羲之传》写赞语称："尽善尽美，其惟王逸少乎！"清乾隆帝将王羲之的《快雪时晴帖》列为"三希堂"法帖之首。《兰亭集序》不仅被后世誉为"天下第一行书"，而且文理豁达、韵味悠长，被世代传颂。总之，王羲之以琅琊王氏书法底蕴为基础，博采众长，开拓创新，创造了中国书法史上的高峰。

（二）光照古今的经典名著

在浩如烟海的中国典籍中，齐鲁文化孕育出的经典作品在哲学思想、政治军事、科学技术、文学艺术等领域都占有重要地位。除《尚书》《春秋》《诗经》《论语》《孟子》等儒家元典之外，《孙子兵法》《齐民要术》《聊斋志异》等名著也是齐鲁经典的卓越代表。

《孙子兵法》是山东人贡献给中国军事史、世界军事史的"兵学圣典"。《孙子兵法》的一大特点是它能从政治的高度对战争进行全盘估量、系统谋划，而非只讲战术不讲战略。孙武本属齐国贵族，为躲避内乱而南奔吴国，之后编写兵书得到吴王重用，方才成就了闻名于世的伐楚功业。这说明，《孙子兵法》的编写得益于齐国政治、军事对于孙武的浸润熏陶，在齐国的阅历为孙武提供了提炼理论的经验基础。历代军事家对《孙子兵法》推崇备至，自曹操作注之后，各类注解作品不断涌现。唐太宗认为此前的各种兵书"无出孙武"。宋代将《孙子兵法》列为"武经七书"的第一部。《孙子兵法》还远传海外,在韩国、日本、越南产生了深远影响,并广受近现代欧美军事家、政治家的赞誉。《孙子兵法》不仅被奉为军事宝典,还在政治、外交、商贸等各个领域显示出了极强的借鉴意义和启迪作用。

《齐民要术》是山东人编写的"中国古代的农业百科全书"。本书作者贾思勰是北魏后期青州(今山东寿光)人,他生长于齐鲁,任职于齐鲁。因此,《齐民要术》所记载的黄河中下游生产技术、知识体系、实践经验都与齐鲁地区的农业密不可分,书中指导农业生产的思想方针也必然得益于齐鲁地区的生产观念和科学认知。《齐民要术》面世之后影响深远,受到历代政府的重视。唐宋以后出现的各种农书多以它为范本,北宋政府更是把它向全国推广,用以指导农业生产。此后,《齐民要术》的各类刊本不断涌现,影响远及日本、欧洲。

《聊斋志异》是齐鲁文化孕育出的中国古代文言短篇小说的顶峰之作。书中近五百篇文言短篇小说记述奇闻轶事,揭露政治黑暗,嘲讽炎凉世态,批判封建礼教,歌颂理想爱情,具有极高的艺术价值。蒲松龄是清前期山东淄川人,一生绝大多数时间都生活在齐鲁。应该说,齐鲁的民间文学、民俗风貌、社会百态为蒲松龄创作《聊斋志异》提供了丰富资源。他广泛搜集齐鲁地区的野闻传说,结合古籍记载、个人见闻进行改编创作,汇集成《聊斋志异》。该书刚一问世便广受追捧,在当时就已经成为畅销书,传抄刊刻不断。《聊斋志异》还出现了多种外文译本,在世界范围内广泛流传。以《聊斋志异》为基础创作的各类影视作品也往往能风靡一时,为人津津乐道。

(三)钟灵毓秀的自然人文景观

山东省内还有数之不尽的自然人文景观。其中,泰山、黄河是中华大地上两个最重要的地理坐标。泰山历史底蕴厚重,景色壮美秀丽,承载着国泰民安的千年梦想，被誉为"五岳独尊"、中华圣山，是中国山岳文化的最佳代表。黄河是中华民族的母亲河，孕育了古老而伟大的中华文明。九曲黄河在山东入海，为山东留下了丰富的文化、经济和生态资源。

城子崖遗址在中国考古学史上具有划时代意义。城子崖遗址是二十世纪中国考古学家自己发现、独立发掘的具有开创意义的重大考古发现之一。中国学者自行编著的第一部田野考古报告就是城子崖遗址的发掘报告，于1934年出版。而且，龙山文化的得名就源于城子崖遗址所在的龙山镇。新中国成立后，城子崖遗址的考古学价值不断受到重视。1961年，城子崖遗址入选第一批全国重点文物保护单位。山东省文物考古研究院等科研机构不断对城子崖遗址进行更深入的发掘考察。此外，城子崖遗址还先后进入了国家考古遗址公园立项名单和国家文物局的《大遗址保护利用"十四五"专项规划》。

齐长城被誉为"中国长城之祖"，是现存有迹可查的最古老的长城。它蜿蜒于齐鲁大地，是先秦时期齐国人构造的绵延千里的军事防御工程，具有重要的历史价值、文物价值。家喻户晓的"孟姜女哭长城"在早期流变中就与它有关。齐长城不仅被纳入《第一批国家级长城重要点端名单》和长城国家文化公园建设，还被联合国教科文组织列为世界文化遗产。

孔庙、孔府、孔林是儒学的象征，是中国传统文化的重要代表。"千年礼乐归东鲁，万古衣冠拜素王。"出于对孔子的景仰，汉代及以后的历代王朝都关注孔庙的祭祀事务，推崇加封孔子的后裔，在客观上维系了孔庙、孔府、孔林的传承发展，从而造就了三孔悠久的历史传统、深厚的文化积淀和难以估量的文物价值。如今，三孔是第一批全国重点文物保护单位、国家5A级景区，是联合国教科文组织评定的世界文化遗产，是中国传统文化的国际名片。每年都有大量海内外游客和儒学爱好者来此游览瞻仰。

山东省内还有很多重要的文化标识引人瞩目。在革命文化中，沂蒙精神诞生于革命战争年代的沂蒙老区，入选中国共产党人精神谱系第一批伟大精神，是党和国家宝贵的精神财富。在古代科技领域，《墨子》中的《墨经》是先秦科技成就的总结，在数学、光学、力学、机械学等领域都有建树，被誉为"先秦科学思想的百科全书"。在中国文学史上，济南"二安"（李清照号易安居士，辛弃疾字幼安）分别是宋词婉约派、豪放派的代表人物，他们的词作具有家国情怀，为历代传颂。在自然人文景观方面，崂山、蓬莱阁、济南泉城景色秀丽、底蕴厚重，闻名全国。在非物质文化遗产方面，鲁菜、阿胶、潍坊风筝因特色浓郁、价值独到、传统悠久而享誉海内外。

崂山云海

第二节　泰山：五岳独尊与国泰民安

"一山一水一圣人"中的"山"，指泰山。在中国众多名山中，泰山甲冠天下、独占鳌头。自然景观与人文景观在泰山的完美结合，造就了中国第一处世界文化与自然双遗产。泰山石刻、泰山古建筑群相继入选第五批、第六批全国重点文物保护单位。泰山景区入选第一批国家5A级旅游景区。泰山厚重的历史文化底蕴更是为人称道。

（一）泰山的自然风光与人文形象

泰山山脉横亘于齐鲁大地上，东向大海，西靠黄河，南接名城曲阜，北倚省会济南。主峰玉皇顶（又名天柱峰）海拔1545米。据研究，泰山形成至今已有约25亿年的历史，长期的自然演化积淀了珍贵的地质学信息。泰山山脉地势复杂，不同区域气候差异显著，植物种类繁多、植被茂密，野生动物栖息其间。丰富的动植物资源又为早期人类提供了充足的生活条件。孔子说"仁者乐山"，就是赞美山脉哺育民众的功德。后李文化、北辛文化、大汶口文化、龙山文化的遗址散布在泰山

泰山"五岳独宗"碑刻

山脉及其周边，证明这里曾是中华先民繁衍生息的一个重要区域。

泰山山脉拔地而起、势冲霄汉，自然风光雄伟壮美，富有生机和灵气。孔子说："登泰山而小天下。"杜甫赞誉："造化钟神秀，阴阳割昏晓。"于慎行感叹："千峰明灭天高下，万壑晴阴气郁葱。"在登顶路上，奇峰、怪石、松柏、云雾应接不暇，交相掩映，时隐时现，变幻莫测，使人仿佛置身仙境。游人登上岱顶，不仅会产生"一览众山小"的宏伟气概，还能欣赏"四大奇观"——旭日东升、云海玉盘、黄河金带、晚霞夕照。再加上茂林成海、松起涛声，所有的视听感受将泰山景色渲染得雄浑壮丽而又灵动神秘。

泰山具有神圣、庄重的文化形象。泰山古称"太山""岱宗""岱山"。据《尚书》记载，大舜曾登泰山焚柴祭天。管仲追述，上古曾有72位君主到泰山封禅。据《史记》记载，古老的东方流传着祭祀"八主"的传统，其中的祭"地主"就在泰山行礼。所以，泰山的神圣形象由来已久。古人还将泰山作为庄重、崇高的代名词，"人固有一死，或重于泰山，或轻于鸿毛""稳如泰山""泰山北斗""人心齐则泰山移"之类的词句比比皆是。历代王朝的祭祀典礼、文人墨客的诗词佳作，以及僧道修行、摩崖石刻、宫观祠庙，为泰山积淀了厚重的历史文化底蕴。

（二）号称"五岳独尊"的中华圣山

五岳观念与封禅典礼造就了泰山的圣山地位。

泰山被称为"五岳独尊""五岳之首"，缘于它在五岳体系中的特殊身份。"五岳"是随着大一统局面形成而出现的地理概念，在西汉时便基本固定下来并传承至今。五座大山各守一方，有镇国护疆的象征意义。泰山位处东方，在五行中属"木"，对应春季，蕴含着万物生长的蓬勃力量，被赋予了主管生命的神职。随着时代推移，自然的阴阳交替、个人的生死尊卑、国家的风调雨顺都进入了泰山的管辖范围。因此，历代统治者都对泰山尊崇祭拜。

泰山的圣山地位还来源于封禅大典的深厚底蕴。封禅是一项特殊的祭礼。一方面，封禅与祭祀泰山截然不同，它是"封"与"禅"的合称，是在泰山及其附近的小山上分别祭祀天、地的礼仪。另一方面，封禅是古代君主与天、地对话的礼仪，是沟通天人、彰显君权神授的手段，但只有在开国建元、天降祥瑞、国泰民安的前提下才能举行。

《纪泰山铭》局部

严苛的条件使绝大多数君主都对封禅望而却步。

到泰山举行过封禅的君主，史书明载的只有6人。公元前219年，秦始皇登泰山举行封禅，留下了"五大夫松"这一著名景观。公元前110年，汉武帝举行首次封禅，而后又七次到泰山，频繁的泰山之旅包藏着他祈求长生的心愿。56年，光武帝到泰山举行封禅，仪式过程被记录在《封禅仪记》中，保存至今。666年，唐高宗携皇后武则天举行封禅。这是历史上唯一一次有女性在泰山参与行礼的封禅。725年，唐玄宗举行封禅并书写《纪泰山铭》，将其文镌刻在岱顶。今人仍可通过《纪泰山铭》来领略唐玄宗的文学功底和盛唐时期的恢宏气象。1008年，宋真宗举行封禅并在泰山留下了两处遗迹：岱顶昭真祠，成为后来碧霞祠的前身；岱庙天贶殿，被今人称为"中国古代三大宫殿"之一。在古代，封禅作为一种盛世承平的目标一直深藏于政治家的脑海中，敢于付诸实践者寥寥无几。漫长的历史演进与悠久的心理积淀，造就了封禅在中国古代政治文化中的崇高形象，也夯实了泰山中华圣山的历史地位。

（三）承载国泰民安的千年梦想

岱顶《纪泰山铭》的左侧还分布有很多题刻，其中有"与国同安""与国咸宁"等等。这都表现了期盼国计民生如泰山一样安稳的美好愿望。

泰山能够承载国泰民安的愿景，源于它庄严、安稳、厚重的文化形象。金初曾在泰山一带设"泰安军"，后改设为泰安州。此后，"泰安"一名被沿用近千年，寓国泰民安、"泰山安则四海安"之意。此外，国泰民安的愿景还在与泰山相关的三种民俗中有充分表现。

一是东岳大帝崇拜。尊称泰山为帝王，是自然神人格化的一种结果。唐、宋、元三代相继加封泰山神为"天齐王""仁圣天齐王""天齐大生仁圣帝"。这些拟人化的封号在明初被撤销。但此时，供奉东岳大帝的东岳

岱庙

庙已经广泛分布。在古人看来，东岳大帝不仅掌管风调雨顺、国运昌盛，还操纵世人的福禄厚薄、位阶高低。从宋代起，泰山东岳庙不只是朝廷祭祀泰山之所，还成了民众朝拜东岳大帝的圣地。伴随着东岳大帝信仰的广泛传播，东岳庙分布各地，东岳庙会传承千年，至今不衰。

二是碧霞元君崇拜。最早祭祀碧霞元君的官方行为可追溯到宋真宗时，至今也有千余年的历史。碧霞元君作为泰山女神，有掌管生育的神职，同样又逐步衍生出了护国佑民、普济众生的能力。随着名气扩大，供奉碧霞元君的神祠分布各地。在明清基层社会中，碧霞元君取代了东岳大帝成为民众崇奉的泰山主神。

三是泰山石敢当习俗。作为国家非物质文化遗产，泰山石敢当习俗承载着镇宅辟邪、治病救人、抗御天灾的美好期盼。据学界研究，"泰山"与"石敢当"在宋金时期已经组合起来，流传至今同样有千年历史。直到今天，刻有"泰山石敢当"的碑碣在一些古旧路巷、交通要冲、房屋墙壁上依然清晰可见。

在古人心目中，泰山庄严安稳，泰山神祇护国佑民。不同时代的民众为祈福许愿，在泰山上树立了如林的石碑。这表明，经过漫长的历史文化浸染，泰山已经成为一种精神依托和心理归宿，成了中华民族国泰民安千年梦想的承载者。

第三节　黄河：大河入海与文明摇篮

"一山一水一圣人"中的"水"，指黄河。习近平总书记指出："黄河文化是中华文明的重要组成部分，是中华民族的根和魂。"黄河孕育出了海岱地区灿烂的文明火种，传承着为根治河患而艰苦奋斗的民族精神，凝聚着推动民族复兴的磅礴力量，也为山东带来了宝贵的生态资源。

（一）黄河入海流

"黄河落天走东海，万里写入胸怀间。"黄河发源于青海省巴颜喀拉山北麓，干流全长5464公里，呈"几"字形，先后流经青海、四川、甘肃、宁夏、内蒙古、山西、陕西、河南和山东，横跨中国东西部。黄河河道由菏泽市东明县进入山东省，向东北方向流经菏泽、济宁、泰安、聊城、济南、德州、滨州、淄博等地，最终在东营市垦利区注入渤海。

黄河由山东入海，是自然选择的结果。黄河上游、中游的河道穿行在青藏高原、黄土高原的崇山峻岭之间。而华北平原地势低缓，黄河水在这里流速骤降，导致从上中游携带来的泥沙逐渐沉淀，造成河道"善淤、善决、善徙"，形成河患。据记载，黄河入海口向北到达过今天津一带，向南曾在华北平原南部夺淮入海，变动频繁。1855年，黄河在河南兰考铜瓦

黄河三角洲的白鹭

厢决口，河水进入山东夺大清河河道注入渤海，初步形成了今天山东省内的黄河河道。

黄河入海，汹涌奔腾。东营垦利区的入海口最宽处超过3公里，水天辽阔、雄伟壮丽。最引人入胜的是黄河入海口的壮观景象。在水量充沛、含沙量大、出现潮汐现象等条件下，黄河水注入渤海时，浑黄的河水与湛蓝的海水之间会形成色差鲜明的河海交界线，从而造就了黄龙入海、河海交汇的壮观景象。

黄河三角洲是我国暖温带最完整、最广阔的湿地生态系统。1992年，山东黄河三角洲国家级自然保护区获批建立，总面积达到15.3万公顷，其中74%为湿地。据统计，这里目前有野生动物1600余种，其中鸟类370多种，包括国家一级保护鸟类26种。丹顶鹤、白头鹤、东方白鹳等珍稀鸟类翱翔于水天之间。这里还有碱蓬、柽柳等685种植物，包括国家二级重点保护植物野大豆。黄河三角洲进入"国际重要湿地名录"，还被授予"国家生态文明教育基地"称号。

黄河还在不停地"开疆拓土"。黄河的泥沙含量居世界首位，从上中游携带来的泥沙在入海口经年累月地堆积，发挥了填海造陆的功能。据报道，近年来黄河的年均造陆面积有8平方公里。这片"共和国最年轻的土地"还在不断延伸、增长。

（二）孕育文明的母亲河

黄河为中华民族孕育了灿烂的早期文明。在黄河流域范围内，蓝田猿人、北京猿人、沂源猿人等数十处直立人化石以及大荔人、河套人、山顶洞人等智人化石先后被发现，证明这里是中华先民起源、生存的重要场所。有人的出现，就有文明的曙光。进入新石器时代，黄河流域出现了大地湾文化、裴李岗文化、仰韶文化、龙山文化等。黄河中游的仰韶文化（距今7000—5000年）有高度发达的史前文明，对周边地区产生了广泛的文化辐射。

在黄河下游的齐鲁大地，出现了独立发展、线索完整的海岱文明。海岱文化区是中华文明最早的发源地之一，后李文化（距今8500—7500年）、北辛文化（距今7500—6200年）、大汶口文化（距今6200—4600年）、龙山文化（距今4600—4000年）形成了一条完整的文化序列。制陶技艺、早期文字、城市遗址、金属冶炼等方面的发现表明，龙山文化时代的社会已经高度发达。大汶口文化、龙山文化还对中原地区的早期文明形成了不容忽视的影响与推动。考古学家们认为，位处黄河流域中下游的夏代考古学文化——二里头文化，就与东方的龙山文化有着不可分割的关联。夏商周三代文明正是在黄河的滋养下生长、发展起来的。

黄河流域还为多元一体的中华民族共同体的形成发展做出了重要贡献。从先秦至宋代，黄河流域一直是中国的政治中心，孕育出了咸阳、西安、洛阳、开封等著名古都。进入黄河流域的少数民族又都会接受中原文化的熏陶从而走上汉化的道路。从三代到秦汉，黄河是东西部族群交流、融合的重要纽带；从魏晋到明清，黄河流域是少数民族汉化的重要区域；黄河流域为民族融合与中华民族共同体的形成提供了广阔的历史舞台。

（三）黄河流域生态保护和高质量发展

进入新时代，奔腾的黄河水奏响了新乐章。2021年10月8日，中共中央、国务院印发《黄河流域生态保护和高质量发展规划纲要》，将黄河流域生态保护与高质量发展作为重大国家战略付诸实践。

2021年10月20日到22日，习近平总书记先后到山东东营黄河入海口、黄河三角洲国家级自然保护区、黄河三角洲农业高新技术产业示范区、原蓄滞洪区居民迁建社区、胜利油田等地考察，并在济南主持召开深入推动黄河流域生态保护和高质量发展座谈会。习近平总书记强调，要科学分析当前黄河流域生态保护和高质量发展形势，把握推动黄河流域生态保护和高质量发展的重大问题，咬定目标、脚踏实地，埋头苦干、久久为

湿地晨韵

功，确保"十四五"时期黄河流域生态保护和高质量发展取得明显成效，为黄河永远造福中华民族而不懈奋斗。他还勉励山东要努力"在推动黄河流域生态保护和高质量发展上走在前"。

"十四五"时期是推动黄河流域生态保护和高质量发展的关键期，山东省党政各级牢记嘱托，系统谋划、全域统筹、一体推进，全力推动黄河重大国家战略重点任务落实落地。2022年，《山东省黄河流域生态保护和高质量发展规划》印发，在建设黄河下游绿色生态廊道、实施环境污染系统治理、推进水资源节约集约利用、全力保障黄河下游长治久安、构建特色优势现代产业体系、塑强山东半岛城市群龙头、保护传承弘扬黄河文化等诸多方面，做出了系统规划。山东省努力确保黄河安澜、确保黄河水量水质、确保沿黄地区人民生活、确保黄河文化传承发展。如今，山东省内黄河流域的生态环境质量明显改善，水安全保障能力加快提升，高质量发展态势强劲。

"地处黄河下游，工作力争上游。"山东省为更好地服务重大国家战略，将努力推动黄河流域协同合作、协调发展，展现山东担当，贡献山东智慧与力量。

第四节　孔子：万世师表与文化象征

"一山一水一圣人"中的"圣人"，指孔子。自西汉独尊儒术之后，儒学成为两千多年中国传统文化的主流。孔子也从先秦时期的诸子百家中脱颖而出，成为历代景仰祭拜的"至圣先师"。如今，孔子是凝聚中华民族的精神纽带，是提振文化软实力的重要因素。孔子早已走出国门，在向世界传递中国话语、展现中国形象、贡献中国智慧的过程中发挥着重要作用。

（一）孔子在中华文化史中的地位

今天的曲阜孔庙大成殿高悬着一块"万世师表"的匾额。1684年，康熙帝来到孔庙，向孔子行了三跪九叩的大礼，并把自己手书的"万世师表"四个大字赐给孔庙。他认为孔子的道德文章与天地日月同在，值得千秋万世的君主师法效仿。而在清朝以前，推崇孔子已经存在久远的历史传统。

早在春秋末年，推崇孔子的官方行为便已出现。孔子去世时，鲁哀公称他为"尼父"。这是孔子从统治阶层那里得到的第一个尊称。公元前195年，汉高祖在曲阜祭祀孔子，开帝制时代统治者祭孔的先河。公元1年，西汉追封孔子为"褒成宣尼公"，开追谥孔子的先河。南北朝时，汉化的北方少数民族政权同样尊崇孔子，北魏尊称孔子为"文圣尼父"，北周追封孔子为邹国公，隋朝尊称孔子为"先师尼父"。

此后历代对孔子的尊崇有增无减。唐朝先后尊称孔子"先师""先圣""宣父"，授予他太师的官职，又追封过"隆道公""文宣王"。宋朝又加封为"玄圣文宣王""至圣文宣王"。党项族建立的西夏尊孔子为"文宣帝"。元代加封孔子为"大成至圣文宣王"。孔子墓碑上的称号便来源于此。

曲阜孔庙大成殿内景

明清政权先后尊称孔子"至圣先师""大成至圣文宣先师"。继"万世师表"之后,"生民未有""与天地参""圣集大成""斯文在兹"等匾额相继进入孔庙。在20世纪前半期风云激荡的时代里,对于孔子的批评与肯定并存。

改革开放以后,孔子逐渐受到社会的重视。1984年,中国孔子基金会成立。从2004年起,曲阜孔庙的祭孔仪式成为由官方主办的公祭大典。2013年11月,习近平总书记到曲阜孔府与孔子研究院考察并指出:"一个国家、一个民族的强盛,总是以文化兴盛为支撑的,中华民族伟大复兴需要以中华文化发展繁荣为条件。"他还提出:"对历史文化特别是先人传承下来的道德规范,要坚持古为今用、推陈出新,有鉴别地加以对待,有扬弃地予以继承。"现阶段,以儒学为重要组成部分的中华优秀传统文化,为中国特色社会主义文化建设提供着丰厚的精神滋养。

（二）孔子的文化象征意义

历代学者都对孔子的地位与贡献给予高度赞扬，将他奉为学术祖师、道德典范。经过两千多年的漫长岁月，孔子已经成为中国传统学术、道德、文化的代表和象征。

先秦的儒门弟子高度赞誉孔子。子贡说孔子像日月一样，是任何人无法逾越的。宰我称孔子"贤于尧、舜远矣"。孟子说："自有生民以来，未有孔子也。"荀子认为，只有孔子才称得上是天地无法埋葬、乱世不能动摇的"大儒"。

汉代独尊儒术之后，对孔子的赞誉更是历代不绝。西汉司马迁称孔子为"至圣"。东汉王充称孔子是"道德之祖"、先秦诸子中最卓越的人。三国曹丕称孔子是"命世之大圣，亿载之师表"。宋代朱熹说："天不生仲尼，万古如长夜。"明宪宗认为，孔子之道对于治国就像日常生活离不开布帛钱粮一样。明代陈献章称赞孔子"道高如天，德厚如地，教化无穷如四时"。近代思想家梁启超说"孔子的人格，在平淡无奇中现出他的伟大"。史学家柳诒徵称孔子是"中国文化之中心"，"无孔子则无中国文化"，"自孔子以前数千年之文化赖孔子而传，自孔子以后数千年之文化赖孔子而开"。

2014年，习近平总书记出席纪念孔子诞辰2565周年国际学术研讨会并在讲话中指出："研究孔子、研究儒学，是认识中国人的民族特性、认识当今中国人精神世界历史来由的一个重要途径。"孔子受到的古今赞誉，深刻反映了儒学在中国传统文化中的主流地位，也充分体现了孔子对于中国文化无与伦比、无可取代的独特意义。

（三）面向世界的孔子

儒家典籍的传播与东西方文化的交流，使越来越多的国家和地区认识到了孔子和他的思想。据学界研究，早在两汉魏晋时，《论语》便传到了今天的韩国、越南和日本等地。这些地方至今还保存有孔子庙以及相关的崇拜礼俗。16、17世纪，一些西方传教士将《论语》等儒家经典翻译成拉丁文、英文、法文等版本。孔子思想开始受到西方的关注。18世纪法国学者伏尔泰认为孔子是"东方智者"。美国最高法院大楼东侧门楣上设计有孔子的大理石雕像，将他视作世界史上三位立法先贤之一。英国历史哲学家汤因比认为，孔孟学说有助于解决21世纪的世界问题。在1956年联合国教科文组织评选的"世界十大文化名人"中，孔子名列首位。

孔子也是凝聚全球华人的重要纽带。民族凝聚力不仅源于血缘、地缘，更源于共同的价值观念、道德品质与精神追求。中华文明历经沧桑、饱受磨难却依然历久弥新、蓬勃向上，其中一个重要因素就是孔子及其思想对中华民族有着强劲的凝聚作用。孔子的学说主张、推崇孔子的悠久传统，已经融入中国社会的方方面面，并深刻烙进中华民族的思维观念中。促进海峡两岸的统一，凝聚全球华人的精神力量，仍然离不开孔子和他的思想。

增强民族凝聚力与提升国家文化软实力，紧密关联、不可分割。与孔子有关的三个机构发挥着重要作用。1984年成立的中国孔子基金会是由文

2023 中国（曲阜）国际孔子文化节开幕式暨第十八届"联合国教科文组织孔子教育奖"颁奖典礼

化和旅游部、山东省共同管理的全国性文化学术基金组织，总部设在济南。其宗旨包括为建设中华民族共有精神家园、构建和谐社会服务，为增进海内外华人团结、实现祖国统一服务，为促进世界文化交流、构建人类命运共同体服务。1994年成立的国际儒学联合会，会址设于北京。其宗旨包括推动儒学文化、亚洲文明与世界其他不同文化文明的互学互鉴，为促进世界和平和各国共同发展服务，为促进人类文明进步服务。分布在世界各国的孔子学院，最早由中国在2004年与国外机构合作设立，很快遍及五大洲。作为非营利性的教育机构，孔子学院旨在增进世界人民对中国语言文化的了解，推动中外教育合作和人文交流，增进国际理解。这些机构对于传承弘扬孔子思想、增强中华民族凝聚力、提升国家文化软实力具有积极的推动作用。

结语　在文化强省建设中彰显文化标识的独特魅力与时代价值

山东省在弘扬中华优秀传统文化方面具有丰富的资源、鲜明的特色。革命文化、齐鲁圣贤、中华经典、自然人文景观、非物质文化遗产中的文化标识，蕴含着山东文化的深厚底蕴与丰富内涵，是中华文明在海岱地区凝结出的璀璨明珠。它们既有历史价值、科学价值、艺术价值，也富有浓郁的齐鲁特色与民俗风情。为了弘扬齐鲁优秀文化、丰富群众文化生活，对于山东文化标识需要进行研究阐发、宣传推广。

首先，推进学术研究的深入，为齐鲁文化的生生不息、蓬勃发展提供稳固基础和丰厚滋养。文化标识在漫长的历史岁月中流传下来，蕴藏着中华民族的文化精髓，积淀着山东人民的精神追求。它们扎根齐鲁大地，渊源深远，历久弥新，是我们坚定文化自信、历史自信的宝贵依据。

因此，对于文化标识不仅要传承、保护，更要剖析、阐释。历史学、考古学、哲学、文学、民俗学等领域的深层次研究成果将有力地帮助我们认识山东文化标识的内涵与价值。这需要学术界在考古发掘与研究、文献整理与研究、民俗调查与研究、哲学阐释、历史解读等方面持续发力，不断深耕，推进对革命文化、经典名著、自然人文景观、非物质文化遗产的考察与阐发，从中提炼出有益于当代的文化精髓，推动齐鲁文化的传承与弘扬。

其次，响应国家发展规划，助力文化强省建设。围绕传承弘扬中华优秀传统文化，《中华人民共和国国民经济和社会发展第十四个五年规划和2035年远景目标纲要》提出，要强化重要文化和自然遗产、非物质文化遗产系统性保护；要实施中华文明探源和考古中国工程，开展中华文化资源普查，加强文物和古籍保护研究利用，推进革命文物和红色遗址保护；要建设长城、大运河、长征、黄河等国家文化公园，加强世界文化遗产、文物保护单位、考古遗址公园、历史文化名城名镇名村保护。在山东，大汶口文化、龙山文化是中华文明探源工程的研究对象，是考古遗址公园建设的重要资源；孔子、孟子、孙武、管仲及有关著述，儒家经典、《墨子》《齐民要术》等名著及古今注解，都值得系统整理、深入阐发；以沂蒙老区为代表的山东红色遗址需要世代保护，以沂蒙精神为代表的山东革命文化需要在新时代发扬光大；齐长城、京杭大运河山东段、黄河是国家文化公园建设在山东省落实落地的着力点，黄河山东段与黄河三角洲自然保护区是山东省服务黄河流域生态保护和高质量发展重大国家战略的主战场。此外，泰山、三孔、蓬莱阁、潍坊风筝等等也与"十四五规划"关于保护文化和自然遗产、历史文化名城、非物质文化遗产的要求相对应。总而言之，围绕文化标识的传承、保护与开发将形成响应国家发展规划的重点板块，为山东文化强省建设提供强劲的助力。

再次，结合齐鲁特色，立足时代需求，推动山东文化标识融入文化"两创"。对山东文化标识进行"创造性转化",要结合新时代的需求赋予它们现代化的形式和渠道,激活其生命力。这需要推进各类文化标识摆脱地域束缚与观念窠臼,利用文化创意、传媒技术与科技手段,转变、丰富它们的表现形式与普及方法,深入浅出地展现它们的文化价值,推动它们走向大众,"飞入寻常百姓家"。推动山东文化标识"创新性发展",需要结合新时代的特点对它们的价值与内涵进行深化、拓展、补充、完善,增强它们的时代影响力和感召力,充分释放它们在构建齐鲁文化话语体系、叙事体系中的能量。

最后,加强宣传推广,打造文化品牌,传递山东声音,展现山东形象。山东文化标识中蕴藏着巨大资源,能够助力创新文旅融合发展模式,打造出富有生命力的文旅品牌。在这一方面,要以山东历史大事、历史名人、经典名著为主线,打造齐鲁文化旅游路线与品牌景点,在吸引各地游客的同时展现齐鲁文化对中华文明的重要贡献,增强文化影响力和吸引力。对于自然人文景观,要结合当地历史与实际,发展绿色生态旅游、体育健身养生、历史文化教育、传统知识普及等项目。对于非物质文化遗产,应该鼓励相关地域与行业组织因地制宜地举办节会活动,创办非遗工艺体验项目,开发文创产品,从而吸引青年群体,在青年中拓展齐鲁文化的影响力与感染力。

对于文化标识的保护、传承、研究、开发、利用,有助于讲好山东故事,展现山东形象;有助于薪火相传、代代守护中华民族的精神文化血脉,为文化强省建设提供丰富的思想文化资源;有助于让传统文化迸发出鲜活的生命力,为铸就社会主义文化新辉煌贡献力量。

第九章 道德积淀引领新风

　　山东是中华文明最早的发源地之一，也是儒家思想的发祥地。仁、义、礼、智、信的儒家传统美德，融入山东人的血脉之中，塑造了山东人忠实厚道、勤俭朴实、诚实守信、吃苦耐劳、乐善好施等人格形象，深刻影响着中国人的价值观念和行为习惯。齐鲁好家风传承千年，历久弥新，为新时代家庭家教家风建设注入精神源泉。在不同历史时期，齐鲁大地涌现出一大批先进典型，成为传承中华传统美德、引领文明风尚的示范力量。围绕新时代美德山东建设，山东积极构筑道德文明新高地，深入倡导"自律助人、孝老爱亲、诚信利他、节俭绿色、共建共享"的新时代美德健康生活方式，不断以精神力量厚植文明沃土，以道德积淀引领文明新风尚。

第一节 积淀深厚的山东传统美德资源

齐鲁大地历史文化底蕴深厚，传统美德源远流长。齐鲁先贤崇尚"仁、义、礼、智、信"，将道德修养作为安身立命之本；注重家庭、家教，形成了传承千年的家风文化。"厚道"是齐鲁大地几千年积累下来的精神财富，根植在每一位山东人的内心深处，已经成为山东的一种传统、一种文化，成为山东的重要道德标识。

（一）仁、义、礼、智、信的儒家道德资源

仁、义、礼、智、信，是儒家最基本的道德范畴，是中华民族传统美德的核心价值理念和基本要求。仁、义、礼、智、信五要素的精神内涵，对于创建时代新风具有重要意义。

"仁"是人与人之间互相关怀、互相尊重和互相爱护的情感，是世间万物共生、和谐相处、协调发展的道德规范。孔子强调"仁者爱人"，"仁"既是关爱别人，也是互相关爱。孟子主张行"王道"、施"仁政"来治理国家。在数千年的儒家文化发展中，"仁"进一步演化为与生俱来的仁者情怀和爱国主义精神。

"义"是超越自我、追求正义、秉持公道的做人态度，如"见义勇为""义不容辞""大义凛然"等，讲的是人生的责任和奉献，是崇高道德的表现。历史上讲义气、有骨气的山东人比比皆是。鲁仲连义不帝秦，秦叔宝仗义疏财，这些忠臣义士或重忠义，或讲道义，或行侠义，行事光明磊落，令人景仰，他们秉承的就是儒家所说的"义"。

"礼"是处理人际关系、社会秩序的一种标准和规则。"守礼"不仅是

个人修身养性的基本要求，也是塑造社会秩序的基本法则。山东素称"礼仪之邦"，有着崇德尚礼传统。春秋时期，鲁国是保存周礼最好的国家，所谓"周礼尽在鲁矣"。千百年来，儒家思想中所传承的敬天、尊祖、孝亲、谦让等文化精神，深深影响着山东人的思想观念，塑造着山东人崇德尚礼的品格。

"智"是指明辨是非的能力，也就是知道什么是对的，什么是错的。孔子比较重视"智"，认为"知者不惑""知者不失人，亦不失言"。孟子提出"是非之心，智之端也"，认为明辨是非是"智"的开端。儒家认为，"智"是人必备的一种重要品德，也是实现仁、义的重要手段，没有"智"，就不可能做到仁、义。

"信"字从人从言，诚心之意，强调的是处世端正，负责任，守信用、讲信义。人无信不立，信义既是讲信誉于他人，也是忠于自己的信仰。《论语》中40多次论及"诚""信"，如"人而无信，不知其可也""信近于义，言可复也"等，诚信成为儒家思想的重要内容。

仁、义、礼、智、信的儒家道德规范传承千年，成为中国人为人处世的基本准则，也是中华民族最重要的精神财富和道德基因之一。

（二）传承千年的齐鲁好家风

家风是修身之本，齐家之要，治国之基。齐鲁大地素来重视家庭教育和家风建设，形成了以儒家思想为底色，以诗礼传家、孝悌忠信、崇仁尚义、勤俭好学等为特色的家风文化。齐鲁地区优秀的家风文化，为新时期家庭教育及家风建设提供了成功范例。

从孔子开始，齐鲁大地就出现了特色鲜明的家风文化。孔子教导儿子孔鲤学诗学礼的故事在《论语》中有详细记载。有一次，孔鲤从庭院中经过，孔子叫住儿子询问学习情况，并告诫孔鲤"不学诗，无以言""不学礼，无以立"，意思是说不学习诗，就不知道如何说话；不学习礼，就不知道如何立身行事。此后"学诗学礼"成为孔氏家族的祖训，诗礼传家也就成为孔氏家族的家风。孔子站在庭院中训子的方式，后来也成为家教文化中的专用术语"庭训"。

汉末三国时期，王祥、王览兄弟以孝悌立家，确立了琅琊王氏家族的门风。王祥"卧冰求鲤"，孝感动天。王祥临终时作《训子孙遗令》："夫言行可覆，信之至也；推美引过，德之至也；扬名显亲，孝之至也；兄弟怡怡，宗族欣欣，悌之至也；临财莫过

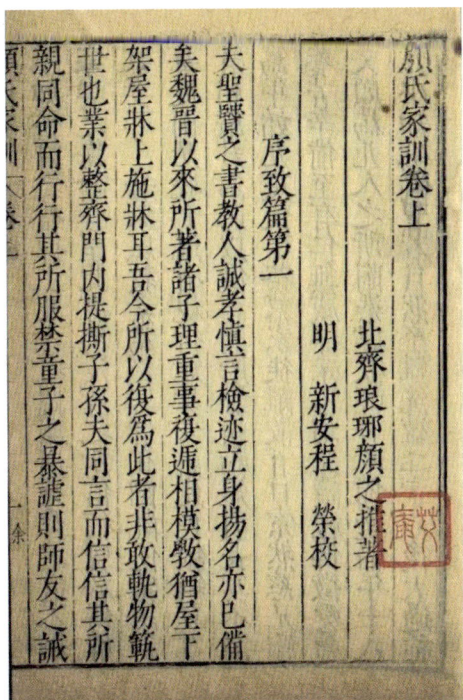

《颜氏家训》，明程荣《汉魏丛书》本

于乎让。此五者，立身之本。"告诫族中子弟以信、德、孝、悌、让五者作为立身之本，这成为王氏子孙代代尊奉的家训。王祥和王览以孝悌知名于世，深受魏晋两朝君主的重用，直接引领了琅琊王氏家族在汉魏之际的崛起。

良好家风的形成，与家族内部形成的家训、家规有着直接关系。中国历史上第一部内容丰富、体系完备的家训专著当属南北朝时期颜之推所撰《颜氏家训》。《颜氏家训》开篇即云"圣贤之书，教人诚孝、慎言、检迹"，即忠诚孝顺、言语谨慎、行为检点，这是全书的宗旨所在。《颜氏家训》特别强调读书的重要性，指出"积财千万，无过读书"，认为"所以读书学问，本欲开心明目，利于行耳"，等等。《颜氏家训》的治家原则和方法已转化为传统社会治家的普遍原则和基本方法，在中国家庭教育史上产生了巨大影响。

明清两代，齐鲁大地人才辈出，出现了很多科甲连第的名门望族。这

些世家大族大多以耕读起家，以科举兴家，遵从孝道，讲求仁义，崇文重教，形成了良好的家风家教，这也是他们维持数百年长盛不衰的重要原因。王士禛、刘统勋刘墉父子、田雯、宋琬、曹贞吉曹申吉兄弟、临朐四冯、傅以渐等，无不受到良好家风的熏陶而成长成才，足见家风在一个家族发展中的重要地位。

齐鲁优秀家风激励着一代代山东人求真务实，奋发有为，开拓进取，勇攀高峰，也为当今建立新型家庭、培育新式家风提供了历史借鉴。

（三）厚道山东人的精神资源

无论走到全国什么地方，提到山东人，大家用得最多的一个词就是"厚道"。自古至今，世世代代，厚道已经深深地刻在了山东人的骨子里，成为一种无形资产和精神财富，让今天的山东人依然受益。

山东人的厚道，首先体现在朴实忠厚，不占他人便宜。在《史记·管晏列传》中，记载了著名的"管鲍分金"。鲍叔牙是春秋时期齐国大臣，与管仲交好，二人曾一起做生意。由于管仲家境贫寒，出资比鲍叔牙要少，但等到年底分红时，管仲拿的却比鲍叔牙还要多。在遭到朋友质疑之后，鲍叔牙说出了其中的原因：管仲家里困难，之所以跟他合伙做生意就是为了帮他，而不应计较得失。

山东人的厚道，也体现在诚实守信。诚实守信是镌刻在山东人骨子里的厚道基因。《庄子·盗跖》记载了一个叫尾生的鲁国人，与女子相约在桥下相会，久候女子不到，最终因水涨抱桥柱而死，体现了"信约重于生命"的诚信精神。对于生活在齐鲁大地的人们而言，立信、守信不仅仅是传统文化和民风的体现，更是一种永远的道德坚守。

山东人的厚道，还体现在做事踏实稳重。孔子曾说："巧言令色，鲜矣仁。"意在告诫弟子，无论是做人还是做事，都应踏实、坦荡，不要以花言巧语讨好别人，要以实际行动和结果来证明自己的能力。山东人办事一向以踏实稳健著称，无论是在工作还是生活中，都以实际行动取信于人，不善言辞却善于做事。

忠厚朴实、诚实守信、脚踏实地、孝老爱亲、助人为乐，共同构成了厚道山东人的精神内涵。在这种"厚道"文化下成长起来的山东人，信奉"君子以厚德载物"，认为"唯厚德者能受多福"，同时讲求"言必信，行必果"，说到底就是做人厚道、实在。

第八届全国道德模范及提名奖获得者中的山东人

厚道山东人，有口皆可碑。要传承和弘扬厚道山东人的优良传统，让厚道山东人成为中国式现代化建设中一道最美丽的风景。

第二节　敢为人先的山东道德模范

山东人的精神品格、道德观念、家国情怀具有极强的代表性，骨子里刻着厚道、诚信、好客等传统美德基因，历来有着良好口碑。在改革开放和社会主义现代化建设新时期，各行各业都涌现出一大批先进典型，比如朱彦夫、王伯祥、张瑞敏、许振超、王传喜等，时代楷模、道德模范、中国好人等数量居全国前列，成为传承中华传统美德、引领文明风尚的示范力量。

（一）"中国的保尔·柯察金"朱彦夫

保尔·柯察金是苏联作家尼古拉·奥斯特洛夫斯基创作的小说《钢铁是怎样炼成的》中的主人公。保尔是一名自觉、无私的革命战士，他为保卫苏维埃政权，同外国武装干涉势力和白匪军浴血奋战，在双目失明、全身瘫痪的情况下，仍然坚持从事文学创作，以笔作为武器，继续战斗，体现出不畏艰难、英勇顽强的斗争精神。

在中国也有这样一位人物，他是一名参加过解放战争和抗美援朝的老兵，经历了上百次战斗，多次负伤，在长津湖战役中，失去了四肢和左眼，几乎全身残废。但他没有屈服于命运，拖着残躯带领乡亲建设家园，并将自己的经历体会写成小说，用坚强意志和为民情怀书写着自己的《极限人生》，被授予"人民楷模"国家荣誉称号，入选2021年"感动中国"年度人物，他就是被誉为"中国的保尔·柯察金"的朱彦夫。

朱彦夫曾担任山东省沂源县西里镇张家泉村党支部书记长达25年，带领乡亲们脱贫致富，让张家泉村实现了从穷困到富裕、从落后到先进、从封闭到开放的历史性跨越。张家泉村先后被评为全国文明

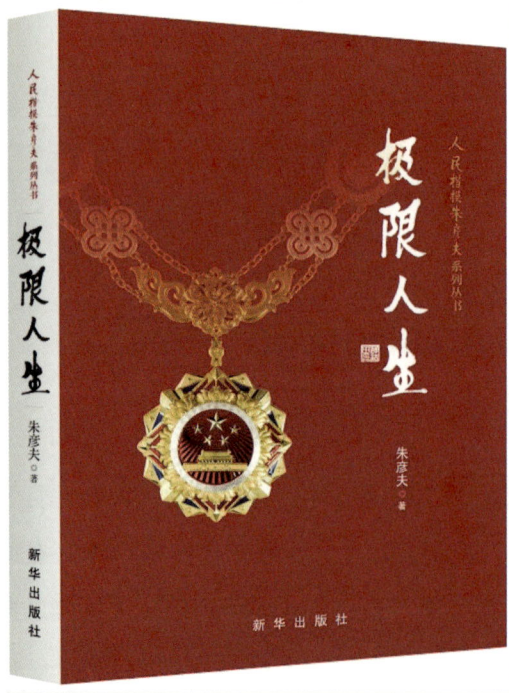

朱彦夫《极限人生》

村、全国五好文明户集中示范村、全国科技示范村等荣誉称号。卸任村支书后，朱彦夫凭借顽强的毅力，创作完成了自传体长篇小说《极限人生》，讲述了自己和战友们在抗美援朝战场上的英雄事迹和感人故事。

朱彦夫曾经说："只要信念不倒，精神不垮，什么都能扛过去！"他用自己的行动诠释了敢于向命运挑战，自强不息、奋发向上的斗争精神；敢于向贫穷宣战，身残志坚、无私奉献的高尚品格；一生为民，一生坚守、敢于担当的家国情怀。

（二）"百姓书记"王伯祥

寿光是全国闻名的"蔬菜之乡"，拥有全国最大的蔬菜生产和批发市场。寿光蔬菜的产业化之路，离不开"百姓书记"王伯祥。

王伯祥是山东省寿光市化龙镇北柴西村人，是一个地地道道的"农民"。在担任寿光县委书记期间，他创造性地领导了寿光的蔬菜生产、寿北开发及工业项目的升级改造，创建了全国闻名、江北最大的蔬菜批发市场，为寿光经济发展奠定了基础。在担任潍坊市副市长、市长期间，他推动了潍坊市的农业产业化和工业股份制改造以及个体私营经济的发展，为潍坊经济繁荣做出重要贡献。

王伯祥具有严于律己、淡泊名利的高尚情操，始终自觉维护共产党员的良好形象。他常说："我们干什么事，都是给多数人干的，不是给少数人看的。""做个不贪不占、干干净净，不让百姓戳脊梁骨的官。"他是这样说的，更是这样做的。2009年，时任国家副主席习近平给王伯祥回信，高度肯定了王伯祥的事迹。2018年11月，王伯祥入选100名改革开放杰出贡献对象。同年12月，党中央、国务院授予王伯祥"改革先锋"称号，颁授"改革先锋"奖章。2019年9月，王伯祥被授予"最美奋斗者"。

王伯祥是新时期优秀县委书记的代表，在他身上，集中反映了共产党

王伯祥与农民交流

人科学发展、创新创业的时代精神，体现了党员干部一心为民、服务群众的宗旨意识，展示了领导干部艰苦奋斗、敢于担当、脚踏实地、无私奉献的优良作风。

（三）诚信企业家张瑞敏

提到张瑞敏，我们首先想到的就是"砸冰箱事件"。张瑞敏是山东莱州人，1984年成为青岛一家家电公司的总经理。1985年，张瑞敏接到一位客户的投诉说工厂生产的电冰箱有质量问题。于是他立刻派人把仓库里的400多台冰箱全部检查了一遍，结果发现有76台冰箱都不合格。作为厂长，张瑞敏把所有职工都叫到了车间，询问大家此事该怎么处理。很多职工提出，可以便宜一点处理给职工。但张瑞敏不同意这样的做法，他对大家说："我今天要是同意你们把这些不合格的冰箱卖了，明天你们就会生产更多不合格的冰箱，我们决定不这么做，今天必须把这些冰箱砸掉。"他宣布以后不合格的冰箱谁生产，谁砸掉，而且他第一个抢起铁锤砸。从此之后，海尔生产的冰箱质量越来越好，成为国产冰箱第一品牌。

张瑞敏在海尔最关键的时刻做出了最正确的选择。他曾说，砸冰箱砸的是一种观念，最重要的是要砸醒员工的质量意识。张瑞敏长期担任海尔集团党委书记、董事局主席、首席执行官，带领海尔集团从一个濒临倒闭、资不抵债的集体所有制小厂，发展成为物联网时代引领世界的生态型企业，诚信无疑是他成功路上最重要的保证。张瑞敏也因此被授

诚信企业家张瑞敏

予"改革先锋"奖章、"最美奋斗者"荣誉称号。

对于企业而言，诚信是一种无形的资产。只有诚信经营，企业才能历经沧桑而长盛不衰。反观那些不讲诚信、不守信用的企业，即使逞一时之势、得一时之利，也终将因信用"亏空"而被淘汰出局。张瑞敏从长远出发，坚持以诚兴业、信誉至上，将"诚信"作为海尔集团的金字招牌，靠信誉打造企业品牌、探索管理模式，占领市场，赢得发展优势。

张瑞敏身上体现了诚信企业家的优秀品质。张瑞敏的故事告诉我们，诚信是个人和企业都应当具备的道德素质和优秀品格。只有诚信，才会让人生在正确的道路上越走越远；只有诚信，才能使企业朝着正确的方向迈进。

（四）"大国工匠"许振超

在中国有这样一群人，他们在自己平凡的工作岗位上默默坚守，孜孜以求，追求职业技能的完美和极致，跻身"国宝级"技工行列，成为一个

"大国工匠"许振超

领域不可或缺的人才，他们被称为"大国工匠"。青岛港码头工人许振超就是其中的代表。

作为一名平凡的码头工人，许振超却创造了不平凡的工作业绩，尤其是他所创造的"振超效率"令世界惊叹。许振超是山东荣成人。1974年，许振超初中毕业后到青岛港当了一名码头工人。1984年，34岁的许振超被选为青岛港第一批集装箱桥吊司机。2003年4月27日，许振超和工友们以6小时27分钟的速度，卸完3400个集装箱，创造了单船效率339个自然箱的世界纪录，这就是享誉国际航运界的"振超效率"。此后，他们又先后9次刷新集装箱装卸世界纪录，使"振超效率"成为港航界的一块"金字招牌"，也成为中国港口领先世界的生动例证。许振超先后荣获"全国劳动模范""全国优秀共产党员""改革先锋""最美奋斗者"等称号，入选100名改革开放杰出贡献人物。

许振超脚踏实地，爱岗敬业，刻苦钻研，勇于创新，是当代工人中的杰出代表，在实践中创造了"振超精神"。2004年6月21日，时任国务院总理温家宝视察青岛港并看望许振超，把振超精神总结概括为：爱岗敬业、无私奉献的主人翁精神；艰苦奋斗、努力开拓的拼搏精神；与时俱进、争创一流的创新精神；团结协作、相互关爱的团队精神。

许振超曾说："当个什么样的工人，当个有工匠精神的工人。"许振超以追求工匠精神为目标，他用实际行动践行了争创一流、赶超先进、精业报国的大国工匠精神。

（五）乡村振兴"领头雁"王传喜

坐落在山东省兰陵县城西南的代村，曾是个出了名的落后村。20世纪90年代初，代村人心散、治安乱、环境差，土地乱圈乱占、违建成风。可如今的代村，已经成为产业总值超20亿元、村集体收入1.1亿元的先进村。代村的发展变化，离不开群众的引路人、党支部书记王传喜。

1999年，30岁出头的王传喜开始担任代村党支部书记。面对重重困难，王传喜探索出了一条新时代的农村发展道路。2005年，王传喜抢抓机遇将全村2600亩土地流转归村集体经营，随后又高标准建起现代农业示范园。2010年，王传喜带领村民建设了代村商城。此外，代村用10年时间完成了旧村改造，村里建起了65栋居民楼、170户小康楼。社区医院、小学、幼

临沂市兰陵县代村

儿园、老年公寓拔地而起。村民年人均纯收入6.5万元，全村有劳动能力的村民实现了人人有工资性收入，家家每年都有村集体"分红"。王传喜还坚持边发展边用发展成果扶贫，2012年以来，先后建设"印象代村"等6个产业扶贫项目，帮助200多个村、10000多个贫困户脱贫，扶贫总投资超过1亿元。

担任党支部书记20余年来，王传喜始终以上率下、廉洁自律。他一直说"村干部要手不伸、嘴不馋、心不贪"。村里平均分配土地时，他带头要距离村庄最远最差的地；旧村改造搬新居，他和乡亲们一起抓"阄"；有老板为了"买地办厂"送来现金，被他严词拒绝；他的工资始终执行最低档，上级发放的补助、奖金、慰问金都被他全部交给村集体。王传喜先后荣获"全国优秀共产党员""全国劳动模范""全国脱贫攻坚先进个人""时代楷模""最美奋斗者"等称号。

王传喜始终坚守"让代村人民过上好日子"的初心，牢记作为共产党员的使命和担当，肩负起代村发展和振兴的责任，主动作为，干事创业，改革创新，清正廉洁，淡泊名利，勇攀高峰，无私奉献，充分彰显了基层党组织带头人的先锋模范作用。

第三节　引领风尚的新时代美德健康生活方式

人们生活水平的提升和生活方式的改变，是全社会文明程度提高的重要表现。山东省率先倡导建立新时代美德健康生活方式，坚持以社会主义核心价值观为引领，以中华优秀传统文化为根基，从人们日常生产生活入手，倡导建立一种自律助人、孝老爱亲、诚信利他、节俭绿色、共建共享的生活方式，在全社会形成适应新时代要求的思想观念和行为规范。

（一）自律助人的立身之道

自律助人是美德健康新生活的根基和土壤，培植每一个人的自律之德、助人之德，是践行社会主义核心价值观的重要维度。汉字"人"，就很好诠释了这个道理。从某种意义上说，"人"字一撇是自己，修身自律才立得住；一捺是助人，帮助别人才能撑起自己，真正成为一个"人"。

其一，"自律"是中华优秀传统文化的精髓。由于自律的存在，"自我"就可能进入一个尊重别人、敬重社会、敬畏自然的良性循环之中，这是美德健康新生活的根基，没有自律，一切都立不住。其二，"自律"是必须长期坚持的行为规范。自律不是一次达到事事享用，而是一辈子当中时时、处处、事事的事情，上一阵子自律，下一阵子没有自律，就会前功尽弃。其三，"自律"不仅是中国人的道德观，也是人类共同的道德观。人类走到今天，已然是一个命运共同体。任何一个共同体，要想持久生存、发展，必然得走自律之路。

中华优秀传统文化历来把自律视为做人、做事、做官的基础和根本。中国人的道德观，是以个人的自我修养为基础的，强调"自天子以至于庶人，壹是皆以修身为本""修己以安百姓""修其身治其心，而后可以为政于天下"等。修身自律的观念深深刻印在中国人的骨子里。引导每个人讲自律、讲助人，不干扰损害别人的自由，不损害他人利益和大家共同的环境。

要实现自律，最基本的是做到如下三点：一是要管控自己的欲望，不放纵物欲。二是要约束自己的行为，不违反法纪。三是要养成良好的习惯，不自毁身心。

（二）孝老爱亲的齐家之道

中国人历来重视家庭，讲求"家和万事兴"，特别强调"孝老爱亲"。孝老爱亲是山东的人文特色。现代社会家庭最小化、家庭社区化，但家

"孝老爱亲"公益广告

庭仍然是人最基本的生活单元。要引导每个人自觉践行家庭美德，重视家庭家教家风建设，从孝敬父母、敦亲睦邻做起。

中华传统文化突出家庭在社会关系中的作用。《礼记》讲"古之欲明明德于天下者，先治其国；欲治其国者，先齐其家；欲齐其家者，先修其身"。《孟子》说"天下之本在国，国之本在家，家之本在身""人人亲其亲，长其长，而天下平"。可见，中华传统文化始终重视处理个人、家庭、国家三者关系，强调"孝老爱亲"。"孝老"，突出的是敬老、爱老、服务老人。"爱亲"，就是爱护夫妻子女及家人亲属。

由家庭而来的"孝老爱亲"道德观，一方面，在家庭教育中呈现出更加突出的作用，是全环境立德树人教育中极其重要的组成部分。另一方面，中华传统文化中"老吾老以及人之老，幼吾幼以及人之幼"的孝老爱亲观念，在当今社会组织多样化状态下，反而更能发挥其作用。要引导每个人自觉践行家庭美德，重视家庭、家教、家风建设，从孝敬父母、敦亲睦邻做起，老吾老、幼吾幼、亲吾亲，以自己的家庭好、单元好、社区好，带动形成地方好、城市好、国家好、民族好的美好生活环境。

（三）诚信利他的仁爱之道

"人而无信，不知其可也"。诚信是做人做事之本，是社会主义核心价值观在个人层面本质性、基础性的要求；利他强调的是人与人之间相互依赖、相互友爱、相互帮扶，在利他中可以实现自身价值，达到利己与利人的和谐统一。

诚信利他是中华传统美德的重要内容。中国人一贯以"仁义礼智信"来规范自己与别人的交往交流，以"温良恭俭让"来展现待人接物的风采风度风范，并随之衍生出助人为乐、舍己为人、真诚利他等一系列道德观念、价值取向。在社会层面以诚信立身、服务利他来处理和调整社会关系，自由、平等、公正、法治就能够更好实现。

诚信利他是社会道德的基本规范。诚信作为群众性道德实践，是个体超越自身私利、维护公平正义的价值取向，也是社会实践的产物。诚信对于自我修养、交友、营商以至为政，都是一种不可缺少的美德，通过诚信"自我"道德上的约束和驱动，形成人人遵守的社会道德规范，在"自我"的实现中，服务于"他我"，形成诚信立身、服务利他的社会规范。

诚信利他是我们党性质宗旨的内在要求。党员干部要用为党尽忠、为民服务的信条，架构起共产党人独有的信仰理想和诚信价值，坚持实事求是，诚心诚意地为人民办实事、谋利益，不弄虚作假，不做表面文章，做诚实守信的表率，在服务群众、担当实干、奋斗作为中不断践行为人民服务的宗旨和使命。

（四）节俭绿色的共生之道

人与自然是一个生命共同体，整个人类是一个命运共同体，人类对大自然的伤害最终会伤及人类自身。因此，倡导节俭绿色的共生之道，是解决人与自然和谐共生的重要途径。

中华民族历来讲究天人合一、道法自然，倡导节俭有度、勤俭持家。"春三月，山林不登斧斤，以成草木之长。夏三月，川泽不入网罟，以成鱼鳖之长"，"顺天时，量地利，则用力少而成功多"等很多观念都强调按照大自然规律活动，取之有时，用之有度。正是在这种朴素自然观的影响下，中华民族始终秉承着勤俭节约的美德，来约束自己的消费和生活。

人类永续发展要求我们必须坚持绿色发展。当前，改善生态环境已经成为人们美好生活需要的重要内容，成为人们提高生活质量的重要方面，促进人与自然和谐共生、实现可持续发展，必须进一步树立尊重自然、顺应自然、保护自然的理念，把生态环境建设摆在更加突出的位置，坚持节约优先、保护优先、自然恢复为主，遵循自然规律，坚定不移走绿色发展之路，决不能重蹈以牺牲环境为代价的覆辙，坚决守住自然生态安全边界，还自然以宁静与和谐。

要引导每个人自觉践行"绿水青山就是金山银山"理念，自觉弘扬勤

威海好运角入选第六批绿水青山就是金山银山实践创新基地

俭持家的传统美德，反对浪费，低碳生活，坚决抵制奢华、铺张、浪费等消费心理。

（五）共建共享的敬事之道

人人奋斗、人人共享是中华民族孜孜追求的大同理想社会，也是我们党为之不懈奋斗的目标。

任何一个基于共同体的社会组织，都需要共同努力、共同奋斗、共同建设。把"共同体"拆开讲，"同"就是共融共生、和合大同；"体"是一个系统状态，体现的是成员之间复杂的互动关系。"共同体"可以理解为一个具有共同价值追求和奋斗目标的社会组织形式。

社会主义的本质要求是共同富裕。中国共产党的奋斗史，就是一部追求全体人民共同富裕的探索史。新中国成立之初，毛主席就提出了我国发展富强的目标，指出"这个富，是共同的富，这个强，是共同的强，大家都有份"。邓小平同志讲"社会主义最大的优越性就是共同富裕"。党的十八大以来，以习近平同志为核心的党中央，把逐步实现全体人民共同富裕摆在更加突出的位置，打赢脱贫攻坚战，全面建成小康社会，为促进共同富裕创造了更为坚实的物质基础。在中国式现代化新道路上实现的共同富裕，是

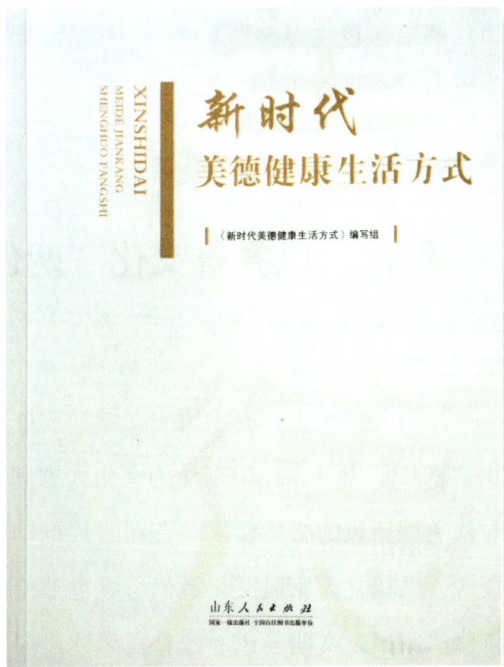

《新时代美德健康生活方式》

第九章　道德积淀引领新风

全体人民的富裕，是人民群众物质生活和精神生活都富裕，是人人参与、人人尽力、人人享有的富裕。这深刻揭示了共同富裕的时代特征，昭示了人类文明新形态的价值追求。

共建共享要求个人敬业爱岗、诚信付出。共同富裕不会自动到来，美好生活也不会从天而降，而要在亿万人民的苦干实干中实现。中华民族历来有敬业、敬事的优良传统，讲求"忠于职守""业精于勤""兢兢业业"。新时代新征程，更加需要我们弘扬中华民族敬事尽责、励精图治等传统美德，在促进共同富裕进程中，自觉做到敬业爱岗、诚信付出，以每个人的拼搏进取，汇聚起中华民族伟大复兴的磅礴力量。

新时代美德健康生活方式从每一个人个人生活、家庭生活、社会生活、消费生活、工作生活等不同场域，提出了具体道德要求，各有侧重又相互联系、融为一体。山东作为经济大省、文化大省，将继续推动形成适应新时代要求的思想观念、精神面貌、文明风尚、行为规范和新生活方式，全面提升新时代美德山东建设水平，为实现中华民族伟大复兴贡献力量。

结语　以齐鲁文化"两创"涵养美德新风

深耕人文沃土，赓续历史文脉，发挥齐鲁文化资源丰厚优势，释放文化"两创"力量，是山东作为文化大省理应扛牢的责任担当，也是涵养新时代美德新风的必然要求。在新时代推动文明新风建设，要深挖齐鲁道德资源，弘扬优秀家风文化，倡行绿色节俭生活，激发道德榜样力量，将齐鲁优秀家风、文明乡风、淳朴民风建设落脚在人们的日常行为养成上，以文化人、以文育人、成风化俗，创新齐鲁文化传播普及和转化利用形式，推动文化"两创"不断焕发新活力，推出更多"两创"标志性成果，形成文明新风尚。

一是要深挖儒家道德资源，营造时代文明新风。儒家思想既是中国的，也是世界的，蕴含着全人类的共同价值。儒家思想中蕴含着丰富的传统道德资源，"仁、义、礼、智、信""恭、宽、信、敏、惠""温、良、恭、俭、让""孝、悌、忠、恕、勤"既各成系列，又独具内涵。要把儒家道德资源作为涵养社会公德的重要思想资源，用优秀传统美德涵养社会主义核心价值观，推动社会主义核心价值观转化为人们的精神追求、日常生活和行为习惯，在全社会倡导形成崇德向善的时代新风。

对儒家道德资源的正确打开方式，不是让其只印在书本上、躺在书斋里，而应不断转化利用，让其活起来、用起来。要注重传统与现代的结合，去伪存真，去粗存精，古为今用，让儒家思想成为一种与时俱进的道德资源；要以人民群众喜闻乐见的形式，以大众化姿态面向受众、融于日常，成为植根于每个人内心的文化信仰。

二是要弘扬齐鲁家风文化，助力当代家风建设。齐鲁家风文化，绵延数千年，成为中华民族精神的重要组成部分。山东历史上诞生了很多脍炙人口的家规家训，如诸葛亮的《诫子书》、颜之推的《颜氏家训》、王士禛的《手镜》等名篇。这些家训、家规，汇集了齐鲁先贤的大智慧，融入中华儿女的血脉之中，成为中华民族生生不息的精神力量。建设新时代优良家风，既应传承齐鲁优良家风，更要契合时代要求，推动形成爱国爱家、相亲相爱、向上向善、共建共享的社会主义家庭文明新风尚。

齐鲁优秀家风文化，为新时代家庭家教家风建设提供了重要的精神滋养。要从齐鲁家训家教家风中汲取精华，结合新的社会实践和时代要求，对之进行创造性转化、创新性发展，如对齐鲁家训、家规、家书等文本资料进行挖掘整理，并进行科学的梳理与甄别；要以社会主义核心价值观为内核主导，把民主、平等、公正、法治等现代价值观念融入其中；要充分运用互联网技术，采用青年一代喜闻乐见方式，推进其创新性发展，以增强传播效果，激活齐鲁古代家训家教家风的生命力，在全社会营造良好家风。

三是倡行绿色节俭生活，打造淳朴民风。"节俭"是重要道德规范。勤俭节约看似是不起眼的小事，反映出的是人格修养。大力倡扬绿色节俭新生活，既要传承传统文化、留住乡愁，也要破除陈规陋习，做好移风易俗工作。要从日常生活中的点滴做起，节约一粒米、一滴水、一度电，杜绝铺张浪费，在潜移默化中改变奢侈浪费的旧习俗，形成民淳俗厚的新风尚。

四是要激发道德榜样力量，示范引领时代新风。加强全社会的思想道德建设，就是要引导和激发人们形成善良的道德意愿和道德情感，提高自觉践行道德的能力，让讲道德、尊道德、守道德成为越来越多人的精神追求和生活方式。要深入推动典型培育选树及学习宣传，持续推选时代楷模、道德模范、最美人物、身边好人，大力弘扬模范精神，汲取道德榜样力量，在全社会营造学习中国好人、争当时代新人的浓厚氛围。

道德模范是社会道德建设的重要标杆。要发挥山东道德模范的榜样引领作用，形成崇尚道德模范、学习道德模范、争当道德模范的浓厚氛围。要积极学习宣传道德模范的先进事迹，让他们的精神深入人心，促进教化养成，厚植道德沃土。要持续发挥道德模范人物引领社会主流价值、传播正能量的积极作用，树立德者有得、德者受尊的鲜明导向，推动社会主义核心价值观落细落小落实。以榜样的力量引领崇高事业，汇聚成实现中华民族伟大复兴中国梦的强大精神动力，为社会文明新风尚提供示范引领。

国无德不兴，人无德不立。习近平总书记在党的二十大报告中强调："实施公民道德建设工程，弘扬中华传统美德，加强家庭家教家风建设，加强和改进未成年人思想道德建设，推动明大德、守公德、严私德，提高人民道德水准和文明素养。"将齐鲁文化融入道德培育是一项长期工程，需要久久为功的耐力，需要滴水穿石的精神，需要从日常抓起，从小事抓起，从细节抓起，让崇德向善成为全社会的共同追求，真正发挥传统美德引领示范作用，培育时代新风新貌。

　　山东不仅拥有丰富、厚重的本土人文资源，海外人文资源亦覆盖广泛。近代以来，山东人秉承齐鲁文化崇仁尚礼、尊贤尚功的品格，发扬齐鲁先民坚韧不拔、开拓创新的精神，足迹遍及世界六大洲100多个国家和地区。目前，鲁籍海外华侨华人、港澳同胞达120多万，省内归侨侨眷亦有120多万，山东"江北最大侨乡"的称号名副其实。改革开放以来，山东又迅速顺应缔结国际友好城市的世界潮流，从1979年至今，45年间与98个国家建立了640对友城，国际"朋友圈"规模在全国数一数二。21世纪以来，山东又积极响应联合国关于促进不同文明间对话的倡议，倾力打造尼山世界文明论坛，推动文明交流互鉴，引起广泛关注与强烈反响。海外侨胞、国际友城、对话平台，这些覆盖广泛的海外人文资源成为"山东人文沃土可以深度耕作"优势的重要维度。

第一节　江北最大侨乡

作为人口大省，山东不仅拥有全国排名第二的常住人口，还拥有数量庞大的海外侨胞。统计数据显示，鲁籍海外华侨华人、港澳同胞达120余万，省内归侨侨眷也有120余万，这使山东成为长江以北最大的侨乡省份。鲁籍侨胞中不乏蒋震、丁肇中、梁振英等各界杰出人士。

多年来，山东不断加强与海外侨胞的联系与合作，充分利用海外侨胞在传媒、社团、教育等方面的独特资源与优势，充分发挥其作为住在国与故乡故土之间桥梁纽带的重要作用，传播齐鲁声音，传承中华文化，凝聚华侨力量，推动交流合作，取得显著成效。

（一）天南地北山东人

山东是江北最大侨乡省份，鲁籍海外华侨华人、港澳同胞达120余万，他们分布在世界六大洲100多个国家和地区。从大洲分布来看，亚洲、北美洲和欧洲居总量前三位。从国家和地区分布来看，中国香港和美国、日本、俄罗斯、加拿大、韩国、澳大利亚、巴西、法国、朝鲜等居前十位。

在海外谋发展的山东人，旅居亚洲的最多。据统计，山东省旅居亚洲各国的华侨华人和中国港澳地区同胞约57.86万人，分布在31个国家和地区。20世纪90年代以后，韩国、印度尼西亚等国侨胞数量相对稳定，日本、泰国、阿联酋等国侨胞数量增长较快，朝鲜、印度等国侨胞数量大幅减少。目前，亚洲鲁籍侨胞以中国香港最多，约32.9万人，其次是日本，约9.76万人。

　　美洲是仅次于亚洲的鲁籍侨胞旅居地。20世纪90年代后，伴随韩国、中国台湾等亚洲国家和地区的鲁籍侨胞大量移民美洲地区，由大陆直接赴北美的留学人员和投资移民迅速增加，整个美洲地区的鲁籍侨胞数量由20世纪90年代初的不足20万迅速增加到37万。其中，美国是北美也是全世界鲁籍侨胞最多的国家，约27.6万人；加拿大约有6万人；拉美地区巴西侨胞数量最多，约2.8万人。

　　欧洲也是鲁籍侨胞数量较多的地区，约有16.7万人，主要集中在俄罗斯、法国、英国、德国等国，意大利、西班牙、荷兰、奥地利等国也有少量鲁侨旅居。20世纪90年代后，欧洲鲁籍侨胞从事的职业逐渐多样化，进出口业和贸易业发展迅猛，成为西欧华侨华人经济的亮点。21世纪以来，随着以留学、出国发展为目的的新华侨华人不断增多，欧洲侨胞更注重与当地的融合，事业发展呈现出与侨居国紧密结合的良好态势。随着越来越多的华人参政意识日渐加强，欧洲很多地方政府、议会都有鲁籍华人任职。

　　自20世纪90年代起，大洋洲的鲁籍侨胞逐渐增多，旅居大洋洲的鲁籍侨胞约有4.4万，其中澳大利亚约有3.45万，新西兰约0.73万，巴布亚新几内亚、瑙鲁、汤加等国共有2000多人。

　　相对而言，山东旅居非洲的人数较少，约有3.5万人，分散在非洲近20个国家，比较集中的有南非、肯尼亚、坦桑尼亚和赞比亚。其中南非最多，约1.2万人，他们多为20世纪80年代后到非洲寻求发展的新华侨华人。肯尼亚约有鲁籍侨胞5000人，以跟随中国港澳台及东南亚华商企业和中资企业赴非洲发展的居多。埃及、阿尔及利亚等国也有少量山东人。

（二）杰出鲁侨知多少

　　旅居世界各地的山东人，秉承齐鲁文化崇仁尚礼、尊贤尚功的品格，发扬齐鲁先民坚韧不拔、开拓创新的精神，在异国他乡落地生根，在人文、科学、社会等领域取得重要成绩，为当地与家乡发展做出了积极贡献，其中不乏蒋震、丁肇中、梁振英等耳熟能详的各界杰出人士。

诺贝尔物理学奖得主丁肇中

祖籍日照的丁肇中1956年到美国，获物理学博士学位，因发现新粒子"J"而于1976年获诺贝尔物理学奖。他带领美、法、德、中等14国581名物理学家在日内瓦建造世界上能量最大的正负质子对撞机，探索宇宙新物质、反物质。

祖籍威海的梁振英1954年生于中国香港，1977年在英国获测量及物业管理学学士学位，曾连续担任三届香港特别行政区行政会议召集人，2012年至2017年任香港特别行政区第四任行政长官，现任十四届全国政协副主席。

祖籍临沂的孟广瑞1974年移居美国，创办美国南北木林公司，在纽约商界有很大影响力。2004年，孟广瑞代表美国民主党成为纽约州第22选区州众议员，结束了纽约州议会成立200多年来没有亚裔代表的历史。

蒋震

祖籍菏泽的蒋震1949年只身南下中国香港，创办中国香港震雄集团，成为全球最大的注塑机制造商。他在1990年成立蒋氏工业慈善基金（后改名蒋震工业慈善基金），赞助工业研究、培训及讲座等，曾捐建山东大学蒋震图书馆。

祖籍莒县的薛荣兴生于韩国，曾任韩国中华总商会会长、现代·起亚汽车集团副会长等职。他以民间身份为中韩建交牵线搭桥，曾任中国和平统一促进会顾问。他于2003年被聘为山东省政府经济顾问，促成韩国现代汽车及其配套企业落户日照。

祖籍诸城的韩晟昊1949年迁居韩国，通过医术结交了一批政界高层朋友，与多位韩国总统是至交，是首位荣获韩国国民勋章冬柏章的外国人。韩晟昊曾创办《中国天地》《韩华天地》等刊物，任韩华中国和平统一促进联合总会会长。

孔令和是孔子后裔八府嫡孙，从20世纪60年代初起在美国新闻部门工作，以渊博的学识、非凡的文采和广泛的社会关系，成为华盛顿上层社交界名人，与美国前总统福特、里根、布什及国务卿基辛格等交往密切。

祖籍临沂的徐广存1968年到法国，在巴黎第七大学获文学博士学位，曾任巴黎第三大学教授及中文系主任，是欧洲著名汉学家，也是旅法山东同乡会创始人之一。徐广存以弘扬中华文化为己任，大力推动山东与法国的交流合作。

祖籍日照的李溪信生于韩国，原任职于华文报纸《韩中日报》，1996年在釜山建立《山东侨报》驻韩办事处并任主任。在李溪信经营下，《山东侨报》成为山东与韩国侨社联系的重要纽带，为山东与韩国经济文化交流架起了桥梁。

祖籍济南的于峰1989年移居奥地利维也纳，1998年发起组织奥地利中国美术家协会并于次年被选为会长。他的画作入选第48届威尼斯国际艺术双年展。2002年，他当选为国际中国美术家协会欧洲分会主席。

（三）心系故土，交流不辍

同气连枝，血浓于水。鲁籍侨胞身在海外，心系故土，通过创办或任职的华文媒体传播齐鲁声音，讲述"山东故事"；通过办学兴教传承中华文化，弘扬民族精神；通过社团建设凝聚华侨力量，支持故乡建设。山东侨务部门也积极采取举措，推动海外侨胞与家乡的联系与交流，取得重要成效。

创办华媒，传播齐鲁声音。鲁籍侨胞在海外创办或任职的华文华语传媒，是传播齐鲁声音、展示齐鲁形象的重要平台。祖籍济南的赵宇虹1990年进入北美首家华语卫星电视台——北美卫星电视台，安排播出介绍山东的特别节目，报道山东改革开放的最新成果。祖籍济南的刘成联合16名留日学生共同出资，于1992年在日本京都创办《中日新报》，面向在日华侨华人、留学生及各地中国语教室发行，后迁址大阪，发行覆盖全日本。祖籍招远的王志山，在巴西圣保罗创办《巴西侨报》，后改名《南美侨报》，成为南美最大的华文报纸。

办学兴教，传承中华文化。鲁籍侨胞重视教育与文化传承，通过捐资助学、成立中文学校及各类协会组织，为中华文化传承教育创造条件。祖籍牟平的初福成，被推举担任韩国仁川华侨中山中小学董事长兼校长后，

《南美侨报》

自己拿出1亿韩元并募捐4500万韩元，整修校舍，添置教学设备，后又出资2亿韩元设立教师福利金。祖籍青岛的旅美侨胞陈雷，联合侨胞共同开办美国奥斯汀市第一所中文学校——奥斯汀长城中文学校，开设中文、数学、中国绘画、民间舞蹈、武术等课程。祖籍蓬莱的美籍华人周培基，推动成立美国中文学校协会，已有上百所学校加入。

建设侨团，凝聚华侨力量。社团是海外华侨华人社会的重要支柱，鲁籍侨团历史悠久，韩国、日本、印度尼西亚、印度等国侨团已有50多年历史。更多鲁籍侨团成立于20世纪80年代后，尤其是21世纪以来，新移民

文化中国·尼山世界华侨华人论坛

潮带来海外侨情变化，侨团组织不断涌现。鲁籍侨团在帮助华侨华人融入当地主流社会、团结凝聚侨胞力量、促进侨胞事业发展和中外友好交流、支持祖国各项建设、推动祖国和平统一等方面发挥了重要作用。多年来，山东侨务部门积极邀请各地侨团来鲁访问交流，并对其各项会务活动如周年庆典、春节庆典等给予一定支持。

文化交流，推动内外联系。山东省侨办及各地侨务部门充分发挥职能作用，创新体制机制，积极开展侨务宣传，举办一系列推动海外侨胞与故乡故土交流合作的活动项目。通过举办华裔青少年夏令营、外派华文教师、培训海外华文学校师资等方式，开展海外华文教育；通过邀请海外人文艺术名家到山东开展学术研讨、举办展览等方式，推动中外文化交流。尼山世界文明论坛自2022年起创新举办华侨华人论坛，2024年论坛聚焦"华侨华人与中华文明"主题，25个国家和地区的60余位知名侨商侨领、专家学者代表交流研讨，取得良好效果。

第二节 友好城市遍世界

国际友好城市，全称"友好省州（大区、道、县）与友好城市"，是世界各国地方政府之间通过协议形式建立起来的一种国际联谊与合作关系，又称姐妹城市或双胞城市。

2023 世界友城论坛暨友好省州领导人大会在济南召开

山东友城工作始于1979年。目前，山东已与世界上98个国家建立640对友城（包括友好城市和友好合作关系城市），数量居全国前列，交往涵盖政治、经贸、文化、科技、教育、环保、民生等领域。45年来，山东建机制、搭平台，"请进来""走出去"，推动国际友城成为全省深化对外开放、开展国际友好交流合作的重要平台和渠道。

（一）六百友城的"朋友圈"

山东是中国东部的南北交通要道，也是丝绸之路经济带和海上丝绸之路的重要结合点，自古就是对外贸易和文化交流的枢纽。20世纪70年代改革开放以后，山东顺应潮流、抓住机遇，积极开展国际友城工作。1979年10月，在时任全国人大常委会副委员长、中日友好协会会长廖承志的提议推动下，青岛市与日本山口县下关市缔结为友城，山东友城工作正式起步。

1979年至1990年是山东友城工作的初步发展期。这十年间，山东与日本、法国、澳大利亚、德国、美国等11个国家建立28对省级和市级友城。其中，1985年建立9对友城，是结对数量最多的一年。这一时期，90%的友城集中在经济实力强、技术先进的发达国家。大量国外资金、技术和先进管理经验通过友城注入山东，大批外国专家、学者、技术人员通过友城来到山东，对山东现代化发展发挥了重要作用，也是山东经济总量一度雄踞全国首位的重要原因之一。

接下来的十年，山东友城工作进入跨越发展期，友城数量快速增加。1991年到2000年，新建省级、市级和县级友城65对。1993年新建友城最多，达到16对，县级友城实现零的突破。这一时期也是友好城市与友好合作关系城市同步发展的新时期，7对友好合作关系省州和45对友好合作关系城市相继建立。友城不仅在发达国家继续增加，也在一些重要的发展中国家迅速建立，山东对外开放向全方位、高水平加快发展。

21世纪最初十余年，山东友城工作进入稳步发展期，友城布局进一步调整和完善。2001年至2014年，新建友城达109对。每年新增友城数量比较平均，最多时2014年新增12对，市级友城增速远超省级友城和县级友城。超过70%的新增友城集中在新兴经济体、重要发展中国家和资源丰富国家，为山东加快实施市场多元化、"走出去"等战略以及转方式、调结构拓展了空间。

近十年来，山东友城工作进入新的迅猛发展时期，友城数量连续多年稳居全国前列。截至2024年2月，山东已与世界上98个国家建立640对友城。以友城为主体、以友好合作关系和各类基层友好关系为补充、遍及六大洲主要国家的"大友城"网络基本形成，政府、民间、企业、学校等全社会的交流全面展开，政治、经济、科技、文化等各领域的合作不断深化，推动山东在更高水平、更广领域、更深层次上参与国际竞争与合作。

近年来，山东制定出台《关于推动国际友城工作高质量发展的实施意见》《关于高质量推进新时代全省国际友城工作的行动方案（2023—2025年）》等文件，发起"激活友城"专项行动，面向重点国家和区域拓展友城布局，创新提出"友城+"十大工程，从经贸园区、教育人才、绿色发展、国际传播等领域推进友城工作，推动友城布局更加合理均衡，打造更多友城交往品牌活动和机制，进一步放大友城效应。

（二）十大友城的精致名片

经过45年的努力，山东在世界范围内建立起拥有640个友城的国际"朋友圈"，这成为山东走向世界的重要桥梁与纽带。每一座友城都有其

2023 世界友城论坛圆桌对话会

独特的历史、文化、风景与优势，每一对友城都有其独特的交流与合作方式。细数友城的精致名片，走进它们，了解它们，可以更好地体味山东的"国际范儿"。

日本山口县下关市是山东第一个国际友城，因走出多位首相，山口被称为日本"政治家的摇篮"。1979年10月3日，青岛与下关结为友好城市，拉开了山东友城建设的序幕。山口也是山东第一个省级友城，双方于1982年结对。

山东友城法国布列塔尼大区首府雷恩

法国布列塔尼大区是山东在欧洲缔结的第一个省级友城，双方于1985年结好。布列塔尼拥有强大的科研力量，首府雷恩被誉为"科研都市"，农业及农副产品加工业发达，汽车制造、通讯电子等是其优势产业。

美国康涅狄格州是山东在北美洲缔结的第一个省级友城，双方1986年结好。康涅狄格是美国经济和科技最发达的地区之一，被称为美国"政治家的摇篮"的耶鲁大学坐落于此。双方合作主要集中在教育、培训、农业和医疗等领域。

智利蒙特港市是山东在南美洲缔结的第一个市级友城，1999年与青岛结好。蒙特港是智利南部的海港城市，曾发生9.5级地震，灾难过后凭借海运、渔业、林业、造船业等优势跃升为智利最重要的商业中心。

南非新堡市是山东在非洲缔结的第一个市级友好城市，2002年与淄博结好。新堡位于南非夸祖鲁—纳塔尔省，是南非第十大城市，一直以煤炭开采和钢铁生产闻名。新堡拥有约200家中资企业，华人是纺织和塑料制造业的领导者。

新西兰陶朗加市是山东在大洋洲缔结的第一个市级友好城市，1986年与烟台结好。陶朗加是新西兰重要的商业、国际贸易、文化、时尚、果蔬科研中心，拥有旅游业、农业、畜牧业、园艺业等产业，有"世界猕猴桃之都"的美誉。

日本山梨县一宫町市（笛吹市）是山东第一个县级国际友城，1993年与泰安肥城结好。一宫町（笛吹市）靠近富士山，山上雪水流经城市边缘形成"笛吹川"，是日本著名的温泉度假旅游胜地。一宫町（笛吹市）与肥城一样盛产桃子。

英国巴斯市是山东济南的友好城市。巴斯是英国唯一拥有自然温泉的城市，也是英国唯一的世界文化遗产城市，古罗马温泉博物馆举世闻名，傅雷称巴斯为"精致而美丽的城市"。济南与巴斯在泉水主题方面多有合作。

德国巴伐利亚州是山东在欧洲大陆缔结的第二个省级友城，1987年结好。巴伐利亚拥有德国史上最成功的足球俱乐部拜仁慕尼黑，也拥有西门子、宝马、奥迪、德国曼、阿迪达斯等制造业巨头，堪称欧洲制造业"发动机"。

韩国唐津是山东日照的友好城市，2007年结好，交流合作领域广泛。唐津与日照皆以日出日落闻名，唐津的鹭颈村是韩国唯一能够同一地点观赏到日出、日落及月出的景点，是韩国三大日出日落观赏胜地之一。

山东友城德国巴伐利亚州首府慕尼黑

（三）常来常往，民心相通

山东启动国际友城工作45年来，坚持创新体制机制、拓展友城合作渠道、服务全省高质量发展，与国际友城广泛开展经贸、人文、科技、教育以及民生诸领域的深度交流合作，实现了民心相通，结出了累累硕果。

45年来，山东致力于与国际友城间的人文交流与合作，把中华优秀传统文化和各国优秀文化交流作为友城交往的重要内容，以文化增进感情，以文明传播友谊，推动求同存异、民心相通。山东在国际友城组织开展"来自孔子家乡的文化展""山东国际青少年文化之旅"等大型文化交流活动600余场次，其中在日本山口县举办的非遗文化展、在和歌山县举办的黄河泰山文物展、在德国慕尼黑举办的"孔子家乡、好客山东"文化旅游推介会等，观展人数均超过百万。同时，山东也积极宣传推介国际友城的优秀文化，先后举办"日本文化周""德国巴伐利亚文化周""南澳州风景与印象画展"等友城宣传活动。山东各市也积极推进友城人文交流项目，如济南启动国际友城"口袋花园"项目、青岛建设"国际会客厅"等，让文明交流互鉴成为增进友城人民友谊的桥梁纽带。

45年来，山东充分利用友城资源推动经贸领域务实合作，早期促成的重型汽车、造船、变压器等项目，为山东制造业领先发展做出了重要贡献。目前，山东通过友城渠道累计促成投资合作项目1.1万个，总投资近6000亿元。日本友城山口县与山东连续举办22届"山东省—山口县经贸洽谈会"，惠及上千家中小企业。德国友城巴伐利亚州先后促成潍柴集团重组德国凯傲集团和林德液压、一汽—大众华东生产基地落户青岛、中国重汽与巴州曼集团战略合作、空客直升机青岛H135型总装线等项目，推动了山东高端制造业的发展。同时，鲁企利用友城渠道"走出去"步伐加快，青岛城建投资集团在菲律宾北伊洛戈省建设的风光一体化发电项目是菲律宾最大的新能源发电项目，烟台万华集团在匈牙利包尔绍德州投资的宝思德化学项目有力推动了当地经济发展。

45年来，山东聚焦民生、顺应民心，不断深化友城间科技、教育、医疗等民生领域合作，通过友城推进建立的1200多对友好医院、学校、企业、组织等，在山东经济社会生活中发挥着重要作用。在科技领域，通过友城引进山东的地膜覆盖、节水灌溉等技术至今仍广泛应用，红富士苹果、布尔山羊、澳大利亚肉牛等品种至今仍在种植或养殖。在教育领域，先后成立"山东省—韩国京畿道高校合作联盟""山东—加拿大新斯科舍省高校合作联盟""山东省—东盟教育联盟"等多个教育联盟，与德国巴伐利亚州成立中德高校合作中心。在医疗领域，与加拿大魁北克省、澳大利亚南澳州开展医养交流合作，山东大学齐鲁医院放射肿瘤科与舍尔布鲁克大学建立放射肿瘤学领域长效合作机制。民生领域的合作进一步拓展了友城间交往的广度和深度，持续赋能山东社会事业发展。

第三节　影响日隆的尼山世界文明论坛

尼山世界文明论坛是为响应联合国关于开展世界不同文明对话的倡议，立足服务我国政治、外交、文化战略，以致力于维护世界文明多样性、构建人类命运共同体为使命，以世界文化巨人孔子诞生地尼山命名，以世界文明对话为专有主题的文明交流互鉴平台。

自2010年创办以来，尼山世界文明论坛已成功举办十届。14年来，论坛聚焦文明对话，持续创新形式，探索走向海外，在层次能级、规模影响、文化体验、对外传播等方面不断突破，在国内影响日隆，在国际上也独树一帜，已经成为传播中国、照鉴未来的重要平台。

（一）从尼山出发，打开世界的门

尼山世界文明论坛诞生于开展文明对话的世界潮流之中。21世纪以来，全球化的迅猛发展为世界创造机遇的同时也带来了挑战。联合国通过一系列会议、决议、宣言等，发出维护世界文明多样性、促进不同文明间对话的倡议。中国既是这些主张的倡导者、支持者，也是探索者、力行者。在此背景下，以孔子诞生地尼山命名，旨在推动世界文明对话、构建人类命运共同体的尼山世界文明论坛应运而生。

在全国人大常委会原副委员长、著名学者许嘉璐的倡议下，经过两年多的酝酿准备，首届尼山世界文明论坛于2010年9月26日在山东济宁曲阜尼山拉开帷幕。论坛聚焦"和而不同与和谐世界"主题，近80位国内外著名专家学者围绕儒家文明与基督教文明等开展了15场次高端对话、学术讨论。论坛取得广泛共识并通过发布《尼山和谐宣言》，这是世界上第一个

第十届尼山世界文明论坛开幕式

以人类和谐为主题的宣言，引起强烈反响。

自2010年以后，尼山世界文明论坛每两年举办一届，并在海外举办多届。中央和国家部委积极支持论坛工作，从国家战略高度给予协调和指导。从2018年第五届开始，尼山世界文明论坛着眼机制化运行，并探索与中国（曲阜）国际孔子文化节一体举办，强强联合，品牌效应进一步放大。从2020年第六届开始，尼山世界文明论坛每年举办一届。2024年，尼山世界文明论坛恢复独立举办。目前，论坛由文化和旅游部、国务院侨务办公室、中国社会科学院、国际儒学联合会和山东省人民政府共同主办。

机制化运行以来，尼山世界文明论坛层次能级不断提升。2024年举办的第十届论坛，进一步突出强化人文综合论坛功能定位，完善提升"主论坛+N场分论坛+系列文化体验"举办体系。该届论坛聚焦学术研讨交流，高水平策划主旨演讲、分议题对话会、高端访谈等主论坛活动，创新举办尼山儒学对话会、中意古典文明对话会、体育文化论坛、家庭文化研讨会、华侨华人论坛、中医药文化论坛等6个平行分论坛，邀请

2024尼山世界古典文明论坛·中意古典文明对话会

学界业界顶级专家学者担任学术主持人。学术交流活动从单一儒学研讨拓展至更广领域。与此同时，论坛聚焦文化展示展演，让与会嘉宾更好地感受中华文明的博大精深和突出特性；聚焦融入日常生活，策划组织系列体验、参观活动，进一步增强论坛的参与感、体验感；聚焦"引进来""走出去"，赴韩国、日本、泰国、美国、印度尼西亚、新加坡等地开展多场交流研讨，形成叠加声势，构建常态化文明交流互鉴机制。

近年来，尼山世界文明论坛在层次能级、规模影响、文化体验、对外传播等方面不断实现新突破，逐渐由单一学术论坛创新提升为人文综合论坛，国际影响力和品牌知名度不断提升，日益成为世界了解中国的重要窗口、文明交流互鉴的重要平台和凝聚价值共识的重要纽带。

（二）尼山世界文明论坛在海外

尼山世界文明论坛不仅在国内影响日隆，而且加快"走出去"步伐，奔赴巴黎、纽约、曼谷、维也纳、米兰、雅典、首尔、大阪、夏威夷、巴厘岛等地，走进联合国总部、联合国教科文组织总部，围绕新人文主义等议题，举办多场海外交流研讨，取得重要成果，引起强烈反响。

　　2012年4月16日，巴黎尼山世界文明论坛在联合国教科文组织总部举行，专家学者围绕"儒家思想与全球化世界中的新人文主义"主题展开高端对话。此次论坛被誉为"中国在核心价值层面进入西方主流社会的一个成功范例"。尼山世界文明论坛从此跨出国门、走向世界，更加广泛地参与世界文明对话。同年11月10日，纽约尼山世界文明论坛在纽约联合国总部举行，围绕"超越国度，不同信仰，共同价值"主题，开展儒家与基督教文明对话。这是第一次由非政府组织进入联合国总部主办的文明对话，也是第一次由中国人在美国纽约主办的儒家与基督教文明对话，在联合国及美国学界产生了积极影响。

　　2023年，尼山世界文明论坛"走出去"步伐加快。4月18日，第九届尼山世界文明论坛泰国中华儒学研究分论坛在泰国曼谷格乐大学举办。论坛聚焦"中华优秀传统文化与全人类共同价值"主题，现场还同步举行了尼山世界儒学中心格乐大学分中心（泰国）学术委员会成立仪式等活动。5月2日，以"中西文化交流与互鉴"为主题的尼山世界古典文明论坛在维也纳联合国总部举办，来自中国、德国、奥地利、意大利等国的知名专家学者深入研讨，形成了《尼山世界古典文明论坛维也纳共识》。5月4日，尼山世界文明论坛东方美学分论坛在意大利米兰举办，聚焦"中华文化与东方美学"主题。7月3日，"孔子—亚里士多德21世纪伦理学术论坛"在希腊雅典开幕。此次论坛以"借鉴人类古老智慧，破解当代发展困境"为主题，探讨中国古典哲学和希腊古典哲学能为当今世界做出什么贡献。

　　2024年，尼山世界文明论坛走向更多国家和地区。4月16日与22日，山东在韩国成均馆、日本关西大学，分别举办以"儒学的现代价值"为主题的第十届尼山世界文明论坛·中韩儒学对话会、第十届尼山世界文明论坛·中日儒学对话会。两场对话会重申儒学的永恒价值，聚焦儒学的现代价值，探讨了儒学在应对现代性危机与挑战方面的思想智慧，展望了儒学未来的发展方向，取得重要成果与良好反响。4月28日，第十届尼山世界

尼山世界古典文明论坛联合国专场活动

文明论坛泰国中华儒学研究论坛在泰国曼谷格乐大学举办，会议围绕"儒学国际化发展"主题，深入探讨儒学的现代价值与国际化路径。5月27日，第十届尼山世界文明论坛"家哲学"圆桌会在美国夏威夷大学马诺阿分校举办，探讨儒家"家哲学"在当今世界的重要价值。6月15日，第十届尼山世界文明论坛·中印尼文明对话会暨第一届和谐世界文明论坛在印尼巴厘岛举行，来自中国、马来西亚、新加坡、印尼的专家学者，围绕"构建全人类和谐共生的文明"这一主题交流思想，碰撞智慧。此外，新加坡等地也举办了尼山世界文明论坛相关活动。

通过"走出去"，尼山世界文明论坛更好地发挥了其作为世界文明对话桥梁的重要作用，通过对话形式向世界讲述了不一样的"中国故事"，为推动中华优秀传统文化"走出去"、展示新时代中国形象提供了样板和借鉴。

（三）传播中国，照鉴未来

尼山世界文明论坛创办14年来，每届都致力于突出价值引领、回应时代关切、推动文明互鉴，通过各种形式的交流对话，广泛凝聚不同文明的思想共识，着力弘扬全人类共同价值，也向全世界生动展示了"好客山东、好品山东"的齐鲁好形象，已经成为展示山东、传播中国、照鉴未来的重要平台。

回应时代，提供方案。论坛创办以来，每届主题都紧扣大局大势，从最初两届的"和而不同与和谐世界"，到后来的"不同信仰下的人类共同伦理""传统文化与生态文明——迈向绿色·简约的人类生活""同命同运 相融相通——文明的相融与人类命运共同体""文明照鉴未来""文明对话与全球合作""人类文明多样性与人类共同价值""全人类共同价值与人类命运共同体——加强文明交流互鉴 共同应对全球挑战"，再到2024年第十届论坛聚集"传统文化与现代文明"，论坛一直关注世界发展潮流与中国发展现实，致力于回应中国之问、世界之问、人民之问、时代之问，深刻揭示人类命运休戚与共的时代命题，并逐步把主张转化为实践，让理念更贴近现实，思想感召力、学术引领力、国际影响力不断

专家学者共同签名通过《尼山和谐宣言》

提升，为应对全球挑战、促进和平发展提供了"中国方案"，贡献了"中国智慧"。

凝聚共识，彰显价值。论坛坚持平等、互鉴、对话、包容的文明观，广泛凝聚不同文明的思想共识。在与会嘉宾的一致努力下，十届论坛通过《尼山和谐宣言》《人类简约生活宣言》等宣言，向世界发出《通过文明对话促进人类共同伦理之责任意识尼山声明》《第五届尼山世界文明论坛关于文明的相融与人类命运共同体主席声明》等声明，《青年人走向世界文明对话前台倡议书》等倡议，《文化遗产保护与促进文明对话尼山共识》《世界女性尼山共识》《第十届尼山世界文明论坛共识》等共识，得到与会嘉宾和专家学者的广泛响应与高度认同，彰显了和平、发展、公平、正义、民主、自由的全人类共同价值，增进了对人类文明多样性与人类命运共同体的深刻理解。

展示山东，传播中国。山东是儒家文化发源地与中华文明重要发祥地，论坛以多形式交流对话、特色化展览展示、立体化传播体系，向世界展现了山东深厚的历史文化底蕴、"好客山东、好品山东"的现代精神气质以及"山东人文沃土可以深度耕作"的优势，对于山东形象塑造、文化强省建设和中华文化传播具有重要意义。与此同时，山东在历届论坛筹办过程中，始终坚持边筹办、边总结、边提升的原则，初步形成一套标准化、规范化办会模式。山东服务的温度和齐鲁文化的厚度相得益彰，为山东与友好国家、友好省州进一步交流合作奠定了坚实基础。一些外国政要、前政要表示，希望深化和山东之间的友好交流和务实合作，建立文化、旅游等领域交流机制，更好服务全天候、全方位的双边合作。

结语 用好海外人文资源，讲好新时代山东故事

　　山东拥有120万海外华人华侨、640个国际友好城市和重要的文明对话平台，这些覆盖广泛、丰富厚重的海外人文资源，是"山东人文沃土可以深度耕作"优势的重要维度。进一步用好海外人文资源，实现以侨为桥、友城为友、论坛为媒，讲好山东故事，是新时代山东打造文化"两创"新标杆、建设社会主义现代化强省面临的重要课题。

（一）常来常往，增进情感共鸣

　　当代哲学前沿理论认为，"人是情感的存在"。无论是经验情感还是儒家所倡导的以"仁爱"为核心的理性情感，都是人们极为重要的生命体验，在社会生活中发挥着极其重要的作用。山东之所以能在海外建立起覆盖广泛的人文关系，积累起丰富厚重的人文资源，在根本上首先缘于真挚的情感连接。

　　新时代，利用海外人文资源，应坚持创造条件与机会，增进情感共鸣。一是要提高认识，充分意识到情感沟通的重要性。提高情感浓度的核心即在于真情相待、真诚沟通、常来常往。近年来，山东省有针对性地发起"激活友城"专项行动，借助外交部、全国对外友协、我驻外使领馆、外国驻华使馆、友好人士等工作资源，热情主动、创造机会、多做工作，取得明显效果。二是要主动行动，结合各领域实际，创造条件和机会"引进来""走出去"。尼山世界文明论坛近年来影响日隆，与其主动"走出去"密不可分，2012年以来，先后在巴黎、纽约、曼谷、维也纳、米兰、

雅典、首尔、大阪等地举办多场分论坛或交流研讨活动。山东持续发挥"江北最大侨乡"优势，多年来举办一系列推动海外侨胞与故乡故土交流合作的活动项目，让鲁籍侨胞多回家、多感受，增强归属感、认同感，更好地发挥桥梁纽带作用。

（二）创新传播，实现话语共通

在旧的国际传播理念与体系下，故事讲述与形象展示往往过于关注自身、强调自身。近年来，山东在挖掘、利用海外人文资源的过程中，坚持目标导向和问题导向相结合，重视传播话语与方式的创新，一定程度上实现了话语共通。这一点在尼山世界文明论坛这一重要国际文明对话平台的打造中体现得较为明显。相比传统文明对话论坛单一的学术研讨形式，尼山世界文明论坛近年积极探索创新传播话语与方式：主题上，不断贴近全人类共同关切；形式上，在丰富学术活动场次、形式的同时，打造系列参观、体验活动，丰富国内外嘉宾的沉浸式文化体验，逐渐由单一学术论坛向多元人文论坛转型；内容上，拓展文明对话的学科与领域，广泛涉及儒学、历史（考古）学、宗教学、伦理学、文化学等学科领域。通过全世界都能听得懂、乐意听的语言和方式讲述山东故事与中国故事，效果显著。

新时代，利用海外人文资源讲好山东故事，应进一步创新传播话语与传播方式，实现话语的共通与共享，缩小彼此之间的心理距离，在情感共鸣、话语共通中交流合作、共同发展。一是要坚定文化自信，以中华优秀传统文化赋能对外文化交流传播。习近平总书记强调，要系统梳理传统文化资源，让收藏在禁宫里的文物、陈列在广阔大地上的遗产、书写在古籍里的文字都活起来。中华优秀传统文化可以也应当成为对外文化交流传播的重要内容和思想资源。二是创新话语体系，以不同受众喜闻乐见的方式讲述中国故事、山东故事。新时代对外文化交流传播，应研究不同受众的习惯和特点，采用自己愿意讲、别人愿意听的话语，将"自己讲"和"别人讲"结合起来，增强传播效果。三是创新传播技术，丰富传播形式。当前国际传播领域呈现移动化、社交化、可视化趋势，对外文化交流传播应充分研究、把握这些趋势，创新利用短视频等移动化传播技术和平台，有针对性地丰富呈现方式，增强互动性、趣味性，放大交流传播效果。

（三）凝聚共识，寻求价值共振

加强与海外人文资源的联系还需要求同存异、凝聚共识，实现价值共振。山东与友城德国巴伐利亚州的交往较能体现这一点。双方于1987年结好，37年来友好关系持续深化并建立起战略伙伴关系。正是基于气质相吸、优势互补，双方在农业、农村发展、食品、服务业、城市可持续发展、先进制造业等领域优先合作，在教育、建筑等领域广泛合作，务实高效。山东作为"江北最大侨乡"，能够对海外侨胞形成持续吸引力，也与侨务部门有针对性地为海外侨胞提供各种支持密不可分。多年来，全省侨务部门针对海外华文教育师资短缺、教育水平难以提高的现状，利用省内师资教育培训资源，创建华文教育基地培训海外华文教师，同时向海外选派华文教师，以提高华文教育水平。尼山世界文明论坛之所以能成为知名论坛品牌，也是因为注重通过对话凝聚价值共识，实现价值共振。

新时代利用海外人文资源，应始终坚持对话交流，精准定位各方优势，不断寻找合作契机，实现价值共振、合作共赢、关系长久。一是要坚持互利共赢。习近平总书记指出，各国人民对美好生活的向往就是我们的追求，和平、发展、合作、共赢的时代潮流不可阻挡。与海外人文资源的连接必须始终秉持合作共赢、互利发展理念，站在全人类共同发展的高度，为实现全人类共同价值携手前行。二是要注重优势互补。海外人文资源因其政治、经济、文化、地理区位、历史传统等特点而具有独特优势，在与海外人文资源加强连接时应注重研究分析双方的比较优势，推动优势互补，既补足各自短板，又锻造共同长板，使双方都有更强的获得感。三是要注重求同存异。对外交往难免存在竞争与冲突，必要时应抛开分歧、搁置争议，通过对话消除误解，为了共同利益、共同目标求同存异、加强合作。

后记

　　本书是山东省习近平新时代中国特色社会主义思想研究中心重大课题"山东人文沃土可以深度耕作研究——文化'两创'的比较优势研究"（同时列入省社科规划重大委托项目，项目编号：23AWTJ05）的最终成果。本书的编写工作在中共山东省委宣传部直接领导下进行，成立编委会，省委常委、宣传部部长白玉刚同志担任主任，省委宣传部分管日常工作的副部长、省文明办主任、省新闻办主任袭艳春同志和省委宣传部副部长、一级巡视员魏长民同志担任副主任，省委宣传部有关处室负责同志及省内有关专家教授担任成员。编写工作由魏长民同志负责，省委讲师团原团长冷兴邦、山东省习近平新时代中国特色社会主义思想研究中心秘书处主任张汝金负责组织和协调工作。

　　本书具体由山东师范大学齐鲁文化研究院院长吕文明牵头研究撰写，王志民、王学典、方辉、江林昌等专家对书稿进行指导，提出宝贵意见建议。本书共十章，第一章至第五章、第七章至第九章分别由山东师范大学齐鲁文化研究院李秀亮、刘晓萱、刁春辉、潘磊、宋宁、李莉、田成浩、李文昌撰写；第六章由山东省习近平新时代中国特色社会主义思想研究中心秘书处史衍朋、任鹏程、李金蔓撰写；第十章由山东社会科学院国际儒学研究院张恒撰写。潘磊负责本书编纂的组织联络工作。

在编纂过程中，魏长民、冷兴邦同志对全书的编写框架提出具体要求，并对编写提纲、样章、文稿等进行认真审改。山东省习近平新时代中国特色社会主义思想研究中心秘书处研究员彭耀光，山东师范大学社科处副处长刘本森，山东师范大学齐鲁文化研究院教授梁宗华、张磊、刘爱敏、阎盛国、李华等参与了审稿工作。山东社会科学院对本书进行认真审读，张凤莲、刘良海、杜余庆、张伟、刘云超、郑艳、孙亚男、张兴、秦树景、杨冬、杨传召等付出辛勤劳动。本书编写参考了学界的许多优秀理论成果，同时采用了山东各市党委宣传部和部分报刊媒体的图片资料，在此一并表示感谢！限于学识和水平，本书难免有不当之处，敬请读者批评指正。

编　者

2024年7月